KARIN THÖNE

Entwicklungsstadien und Zweiter Weltkrieg

Schriften zur Wirtschafts- und Sozialgeschichte

In Verbindung mit Rudolf Braun, Otto Büsch und Rolf Engelsing
herausgegeben von Wolfram Fischer

Band 22

Entwicklungsstadien und Zweiter Weltkrieg

Ein wirtschaftswissenschaftlicher Beitrag
zur Frage der Kriegsursachen

Von

Dr. Karin Thöne

DUNCKER & HUMBLOT / BERLIN

Alle Rechte vorbehalten
© 1974 Duncker & Humblot, Berlin 41
Gedruckt 1974 bei Buchdruckerei Richard Schröter, Berlin 61
Printed in Germany

ISBN 3 428 03173 3

Vorwort

In dieser Arbeit wird der Versuch unternommen, Ursachen für das Entstehen des Zweiten Weltkriegs im ökonomischen Bereich aufzudecken. Wegen der Komplexität der dazu erforderlichen Untersuchungen wurde das Thema auf den Zusammenhang zwischen Entwicklungsstadien und möglicherweise daraus resultierenden Kriegsursachen eingeschränkt und der Untersuchungszeitraum auf die letzten Jahre vor Ausbruch des Zweiten Weltkriegs begrenzt.

Die Arbeit wurde angeregt von Herrn Professor Dr. Albrecht Kruse-Rodenacker und Herrn Professor Dr. Eberhard Jäckel, dem ich für die Präzisierung der geschichtswissenschaftlichen Fragestellung sehr zu Dank verpflichtet bin. Sein Bemühen, einen neuen Ansatz zur Erklärung des Zweiten Weltkriegs zu finden, der auch die ökonomische und soziale Problematik berücksichtigt, kommt darin zum Ausdruck. Besonderen Dank schulde ich meinem Doktorvater, Herrn Professor Kruse-Rodenacker, für wertvolle Anregungen und kritische Stellungnahmen, die das Entstehen dieser Arbeit sehr gefördert haben.

Karin Thöne

Inhaltsverzeichnis

1.	Problemstellung	11
1.1	Die politischen Ziele der untersuchten Länder	13
1.1.1	Die politischen Ziele Hitlers	13
1.1.2	Die Ziele der militärischen Führungsschicht in Japan	14
1.1.3	Die Ziele der amerikanischen Politik unter Roosevelt	16
1.2	Zusammenfassender Vergleich der Schwerpunkte politischer Ziele	18
1.3	Methodische Bemerkungen	19
2.	Krieg und Entwicklungsstadien	21
2.1	Rostows Thesen über den Zusammenhang zwischen kriegerischen Auseinandersetzungen und Entwicklungsstadien	21
2.1.1	Der koloniale Krieg	21
2.1.2	Regional begrenzte Aggressionen	22
2.1.3	Massiver Krieg um das Mächtegleichgewicht	22
2.1.4	Kritik	23
2.2	Entwicklungsstadien und Zweiter Weltkrieg	23
2.2.1	Nationale Politik und Wirtschaftsstadien vor Ausbruch des Zweiten Weltkriegs	24
2.2.2	Abgrenzung der Fragestellung	24
2.3	Entwicklungsniveau und ökonomische Leistungsfähigkeit	25
2.3.1	Determinanten der ökonomischen Leistungsfähigkeit	25
2.3.2	Die Charakteristika der Entwicklungsstadien	26
2.3.2.1	Entwicklungsstadien nach Rostow	27
2.3.2.2	Umschichtung der Erwerbstätigen	29
2.3.2.3	Änderung der Industriestruktur	30
2.3.2.4	Intensivierung des Außenhandels	31
2.3.3	Zusammenfassung der Indikatoren für das Entwicklungsniveau	31
2.3.4	Einfluß konjunktureller Schwankungen auf die Indikatoren des Entwicklungsniveaus	32
3.	Wirtschaftliche Lage und Entwicklung in Deutschland, Japan und den USA	34
3.1	Vergleich der natürlichen Gegebenheiten	34
3.1.1	Bevölkerung und Staatsgebiet	34

3.1.2	Bevölkerungsentwicklung und Steigerung der landwirtschaftlichen Nutzfläche	35
3.1.3	Rohstofflage	38
3.2	Kennzahlen ökonomischer Aktivität	40
3.2.1	Volkseinkommen und Beschäftigung	40
3.2.2	Die sektorale Gliederung der Volkswirtschaften	45
3.2.2.1	Die Beschäftigtenstruktur	46
3.2.2.2	Die Produktionsstruktur der Länder	48
3.2.2.3	Die Verwendung des Sozialprodukts	61
3.2.2.4	Die außenwirtschaftlichen Beziehungen der Länder	67
4.	Ergebnisse der Untersuchung	86
4.1	Expansionsbestrebungen auf Grund von Raum- und Rohstoffmangel	86
4.2	Zusammenfassender Vergleich der Entwicklungsstadien	87
4.3	Der Erklärungswert der Entwicklungsstadientheorie für das Entstehen des Zweiten Weltkriegs	91
4.4	Weitere ökonomische Erklärungsansätze	93
5.	Tabellarischer Anhang: Die Außenhandelsverflechtung der drei Länder	97
	Literaturverzeichnis	100

Tabellenverzeichnis

1. Bevölkerungsentwicklung 36
2. Altersmäßige Zusammensetzung der Bevölkerung 36
3. Entwicklung des Volkseinkommens in Deutschland 40
4. Entwicklung des Volkseinkomens in den USA 42
5. Beschäftigungsschwankungen in den USA 1936—1939 43
6. Monetäres und reales Volkseinkommen in Japan 44
7. Die Beschäftigten nach Wirtschaftsbereichen in Deutschland 46
8. Die Beschäftigtenstruktur in Japan 47
9. Der Beitrag der Wirtschaftsbereiche zur gesamten Wertschöpfung des Deutschen Reichs 49
10. Die Selbstversorgung mit landwirtschaftlichen Produkten im Deutschen Reich 50
11. Deutschlands Selbstversorgung mit industriellen Rohstoffen 51
12. Zusammensetzung des japanischen Volkseinkommens nach Wirtschaftsbereichen 52
13. Entwicklung des Produktionsindex in Japan 53
14. Die Bedeutung von Leicht- und Schwerindustrie für die Industrieproduktion Japans 55
15. Produktionsindizes für einzelne Industriezweige 55
16. Zusammensetzung des Volkseinkommens in den USA 57
17. Struktur der Industrieproduktion in Japan, Deutschland und den USA 60
18. Anteil der Konsumausgaben, der Bruttoinvestitionen und der Staatsausgaben an der Bruttowertschöpfung in Japan 62
19. Anteil von Konsum, Nettoinvestition und Staatsausgaben am Nettosozialprodukt zu Marktpreisen in Deutschland 65
20. Anteil von privatem Konsum, Investition und Staatsausgaben am Nettosozialprodukt in den USA 67
21. Importindex aller Länder 68
22. Außenhandel der USA 69
23. Amerikanische Direktinvestitionen nach Ländern und Industriegruppen 73
24. Außenhandel Japans 74
25. Die Entwicklung des Außenhandelsvolumens in Deutschland 80
26. Die Richtung des amerikanischen Außenhandels 97
27. Die Richtung des japanischen Außenhandels 98
28. Außenhandelsbeziehungen zwischen Deutschland und einzelnen Ländern und Kontinenten 99

1. Problemstellung

Die Arbeit steht im Zusammenhang mit dem Versuch, Ursachen für das Entstehen des Zweiten Weltkriegs zu finden.

Bisherige Erklärungsansätze gehen oft von der These aus, daß die Ursachen für den Ausbruch des Zweiten Weltkriegs in der unbefriedigenden Beendigung des Ersten Weltkriegs zu suchen sind, wo durch den Versailler Vertrag Deutschland in seiner wirtschaftlichen und politischen Entwicklung so ungünstig beeinflußt wurde, daß es versuchen mußte, durch einen neuen Krieg die damaligen Entscheidungen zu korrigieren.

Losgelöst vom europäischen Krieg wird der japanisch/amerikanische Krieg betrachtet. Als Ursachen für diesen Krieg gelten das Bevölkerungsproblem Japans sowie seine schlechte Versorgungslage.

Betrachtet man die politische Lage in den dreißiger Jahren, so stellt man jedoch fest, daß verschiedene Länder, bei denen keine unmittelbare Überschneidung der Interessenbereiche erkennbar ist, nämlich Deutschland, Japan und Italien vor Ausbruch des Zweiten Weltkriegs zu derselben Zeit, ohne vorherige Absprache eine vergleichbare oder zumindest vergleichbar erscheinende Politik betrieben haben, deren Ziel die territoriale Expansion war. Deutschland verfolgte das Ziel der territorialen Expansion in den europäischen Osten, Italien strebte die Herstellung eines „impero romano" an, und Japan wollte einen „ostasiatischen gemeinsamen Wohlstandskreis" errichten. Da diesen Interessen die Interessen anderer Großmächte gegenüberstanden, war die Durchsetzung dieser Ziele nur mit Hilfe eines Krieges möglich. Die Kriegsziele dieser Gegner waren ursprünglich auf die Wiederherstellung des status quo gerichtet, lediglich die Sowjetunion bestand auf einer territorialen Expansion.

Bei der Suche nach einer Erklärung des Zweiten Weltkriegs läßt sich feststellen, daß ein analoger Verlauf in der Entwicklung der nach territorialer Expansion strebenden Länder besteht: die betrachteten Länder Japan, Deutschland, Italien entwickelten sich etwa zur selben Zeit zu Großmächten. Auf Grund dieser Erkenntnis und der Betrachtung der historischen Zusammenhänge stellt sich die Frage, ob in den drei Ländern nicht dieselben Ursachen für das Entstehen des Expansionswunsches und damit für den Zweiten Weltkrieg ausschlaggebend waren.

1. Problemstellung

Bei der Untersuchung dieser Frage ist auch zu überprüfen, ob in den ökonomischen oder sozialen Gegebenheiten der Länder solche Kriegsursachen liegen können. Das wäre dann möglich, wenn sich feststellen ließe, daß die Länder, die das Ziel der territorialen Expansion verfolgten, also Japan, Deutschland und Italien, einen Stand in der wirtschaftlichen Entwicklung oder mindestens in als bedeutend anzusehenden ökonomischen oder sozialen Bereichen hatten, der signifikant abweicht von dem der Kriegsgegner USA, England, Frankreich und der Sowjetunion, und eine militärische Lösung forderte. Aufgabe der folgenden Analyse wird es deshalb sein, zu untersuchen, ob es einen solchen „ökonomischen Erklärungsansatz" gibt.

Aus Gründen der Fülle der zu untersuchenden Materialien muß zu einer Beschränkung des Untersuchungsbereichs gegriffen werden. Und zwar sollen insbesondere die Länder Japan und Deutschland einerseits untersucht werden, denen andererseits die Vereinigten Staaten von Amerika gegenübergestellt werden.

Die Auswahl dieser Länder ist deswegen getroffen, da für diese Länder genügend statistisches Material zur Verfügung steht. Auf Grund der allgemeinen Ausführungen kann jederzeit eine Ausdehnung der Untersuchung auf die übrigen Länder, die wesentlich am Verlauf und Ausgang des Zweiten Weltkriegs beteiligt waren, erfolgen.

Untersucht wird ferner insbesondere die Zeit von 1936 bis 1939, die Jahre, in denen in Japan und Deutschland mit wachsender Intensität die Ausgangsbasis für einen Krieg geschaffen wurde. Auch diese Abgrenzung ist willkürlich, läßt sich jedoch damit begründen, daß die meisten in der vorliegenden Arbeit untersuchten Determinanten der wirtschaftlichen Lage charakteristisch sind für größere Zeiträume. Dabei wird auch von der Hypothese ausgegangen, daß mögliche Kriegsursachen mit zunehmender Entfernung von dem Zeitpunkt des Kriegsbeginns an Bedeutung für die Erklärung des Kriegsausbruchs verlieren.

Die bereits grob umrissenen, wirtschaftlich bedeutungsvollen politischen Ziele der Länder Deutsches Reich, Japan, USA sollen nun im einzelnen kurz dargestellt werden, damit später analysiert werden kann, inwiefern diese Ziele ökonomisch begründet waren. Dabei kann und soll kein vollständiger Überblick über die umfangreiche, zu diesem Fragenkomplex vorhandene historische Diskussion gegeben werden. Der Rahmen für die weitere Untersuchung soll nur mit Hilfe einiger ausgewählter, zusammenfassender Analysen abgesteckt werden.

1.1 Die politischen Ziele der untersuchten Länder

1.1.1 Die politischen Ziele Hitlers

Eines der politischen Hauptziele Hitlers war die Schaffung neuen Lebensraums für die deutsche Volksmasse und Sicherung einer deutschen Weltmachtstellung für Generationen[1].

Erforderlich schien Hitler die Verfolgung dieses Zieles, da neues Siedlungsland für den jährlichen Bevölkerungsüberschuß gewonnen werden müsse[2].

Andere Maßnahmen zur Verringerung des Bevölkerungsüberschusses und des Nahrungsmittelproblems, wie Geburtenbeschränkung, innere Kolonisation lehnte Hitler ab. Der Welthandel schien Hitler nicht geeignet zu sein, die Lebensmittelversorgung zu sichern, da er stark von Konjunkturschwankungen abhängig sei. Darüber hinaus seien frühere Agrarexportländer nun selbst auf dem Wege der Industrialisierung. Autarke Lebensmittelversorgung könne den bereits erreichten Lebensstandard jedoch nicht sichern. Auch die Versorgung mit industriellen Rohstoffen sei nicht durch eigene Produktion absicherbar[3].

Eine Lösung des Raumproblems und, damit verbunden, des Versorgungsproblems war nach Hitlers Ansicht nur durch einen Krieg zu erreichen, der sich vor allem gegen Rußland richten sollte[4]. Die territoriale Expansion sollte vorbereitet werden durch Umstellung der Wirtschaft auf eine Kriegswirtschaft, die durch den zweiten Vierjahresplan gefördert werden sollte. Aus der ergänzenden geheimen Denkschrift, die Hitler selbst verfaßte, da über die Beschleunigung der Rüstungsproduktion keine Einigkeit zwischen Hitler und Schacht erzielt werden konnte[5], wird deutlich, daß die deutsche Wirtschaft bis zum Jahre 1940 auf die Kriegsproduktion umgestellt werden sollte. Damit wurde die militärische Rüstung endgültig zu einem Ziel der Wirtschaftspolitik.

---

[1] Vgl. *E. Jäckel*, Hitlers Weltanschauung. Entwurf einer Herrschaft Tübingen 1969, S. 48.
[2] Ebenda, S. 39. Siehe dazu auch *M.* Domarus, Hrsg., Hitler. Reden und Proklamationen 1932—1945. Kommentiert von deutschen Zeitgenossen. Bd. I, Triumph (1932—1938), Würzburg 1962, S. 749.
[3] *M. Domarus*, S. 749 ff. Das geht aus einer Rede Hitlers vor den Spitzen der deutschen Wehrmacht vom 5.11.1937 hervor, die im sog. „Hoßbach-Protokoll" nachträglich niedergeschrieben wurde.
[4] *E. Jäckel*, S. 43 ff.
[5] *G. Meinck*, Hitler und die deutsche Aufrüstung 1933—1937. Wiesbaden 1959, S. 164 ff. Die geheime Denkschrift Hitlers ist abgedruckt in Vierteljahreshefte für Zeitgeschichte, Hrsg. H. Rothenfels u. T. Eschenburg, 3.Jhg. 1955, Heft 2, Stuttgart 1955, S. 204 ff.

Im Dienste dieser Politik stand das Streben nach möglichst autarker Versorgung, um im Kriegsfall vom Ausland weitgehend unabhängig zu sein, sowie eine entsprechende Umstrukturierung der Industrie[6].

Als wirtschaftspolitisches Nahziel bestand darüber hinaus für Hitler bei der Machtübernahme die Sanierung der Wirtschaft, insbesondere durch

1. Wiederherstellung der Rentabilität der Landwirtschaft
2. Beseitigung des Arbeitslosenheeres[7],

Ziele, deren Erreichung als entscheidend für die Stabilisierung der sozialen Lage in Deutschland anzusehen waren, und denen deswegen im Gegensatz zum Parteiprogramm[8] mehr als nur proklamatorischer Wert zuzumessen ist[9], und die auch noch in dem hier untersuchten Zeitraum von Bedeutung waren.

1.1.2 Die Ziele der militärischen Führungsschicht in Japan

Die politische Zielsetzung der in den dreißiger Jahren in Japan mehr und mehr an Einfluß und Macht gewinnenden militärischen Führungsschicht ist ebenfalls gekennzeichnet von dem Wunsch nach territorialer Expansion — einem „größeren Japan" — und Erringung einer Vormachtstellung in Südostasien, um es wieder in seine Unabhängigkeit und seinen Wohlstand zurückzuführen[10].

Die Wirtschaftspolitik Takahashis war geprägt vom mandschurischen Zwischenfall und dem wachsenden Einfluß des Militärs. Der Versuch Takahashis, nach Überwindung der Wirtschaftskrise 1936 eine eigenständige Politik durchzusetzen, führte zu seiner Ermordung durch das Militär, das bei seinem Nachfolger die Fortführung der Kriegsfinanzierung und Rüstungsproduktion durchsetzte und dadurch eine ausgewogene wirtschaftliche Entwicklung unmöglich machte[11].

Bei der Verfolgung der Expansionspläne scheinen in den untersuchten Jahren zunächst Bestrebungen vorhanden gewesen zu sein, die Ver-

---

[6] Deutsches Institut für Wirtschaftsforschung, Hrsg., Die Deutsche Industrie im Kriege 1939—1945, Berlin 1954, S. 16 f.
[7] M. Domarus, S. 193, sowie S. 233 ff.
[8] Dazu s. E. Jäckel, S. 92 f.
[9] W. Fischer, Deutsche Wirtschaftspolitik 1918—1945. 3. verb. Auflage, Opladen 1968, S. 62 und S. 95.
[10] I. Morris, Ed., Problems in Asian Civilizations, Japan 1931—1945, Militarism, Fascism, Japanism. Boston 1967, S. 75.
[11] G. C. Allen, A Short Economic History of Modern Japan 1867—1937, 7. Aufl., London 1964, S. 136 ff.

einigten Staaten zwar wirtschaftlich aus dem japanischen Einflußbereich zu verdrängen, jedoch einen Krieg mit dieser Weltmacht zu vermeiden[12].

Die gegen verschiedene Interessengruppen[13] durchgesetzten militärischen Ambitionen nach Expansion wurden mit der hohen Wachstumsrate der japanischen Bevölkerung begründet, so daß neues Siedlungsland erforderlich schien. Gleichzeitig sollten dem rohstoffarmen Japan neue Rohstoffquellen erschlossen und Absatzmärkte gewonnen werden, die die wirtschaftliche Entwicklung des Landes stabilisieren und sichern sollten[14].

Das Ziel für einen Zeitraum von etwa 20 Jahren lautete „Schaffung eines gemeinsamen Wohlstandskreises" nach einem Stufenplan. Zuerst sollte eine „Innere Zone" geschaffen werden, wozu zunächst Japan und die Mandschurei vereinigt werden sollten. Dies wurde als entscheidend für den wirtschaftlichen Aufbau und lebenswichtig für das japanische Kaiserreich betrachtet und 1931 mit Besetzung der Mandschurei in Angriff genommen. Ferner sollten diesem Gebiet Nordchina, das untere Jangtse-Gebiet und russische Meeresgebiete angeschlossen werden.

Weiteres Ziel war die Schaffung des „Kleinen gemeinsamen Wohlstandskreises", der zusätzlich das östliche Sibirien, China, Indonesien, und die Südsee umschließen sollte. Bei günstiger Entwicklung sollte dieses Gebiet später noch erweitert und dadurch ein „Größerer gemeinsamer Wohlstandskreis" gebildet werden[15].

Diesen Zielen, die mit Hilfe von Waffengewalt durchgesetzt werden sollten, sollte die gesamte heimische Politik untergeordnet werden, woraus folgende ökonomische Ziele resultierten, die im Regierungsprogramm des vom Militär, aber auch von Wirtschaftskreisen gestützten Premierministers Konoye enthalten waren:

1. Erhöhung der Produktionskraft des Landes[16]
2. Steigerung der staatlichen Kontrolle von Industrie und Finanzwesen
3. Beendigung der akuten landwirtschaftlichen Krise[17]
4. Erlangung außenwirtschaftlichen Gleichgewichts[18]

---

[12] Dafür spricht die Regierungserklärung Konoyes, die zwar Rußland und China als feindliche Mächte kennzeichnet, die Beziehungen zu den USA jedoch nicht erwähnt. Vgl. The Japan Year Book, S. 174.
[13] *G. C. Allen*, S. 155 weist darauf hin.
[14] *L. Gruchmann*, Der Zweite Weltkrieg, dtv-Weltgeschichte des 20. Jahrhunderts, Bd. 10, München 1967, S. 145
[15] *I. Morris*, S. 75
[16] The Foreign Affairs Association of Japan (Ed.); The Japan Year Book, (Tokyo) 1937, S. 174.
[17] *I. Morris*, S. 7.
[18] The Japan Year Book, S. 174.

Die Kontrolle über Industrie und Finanzwesen schien erforderlich zur Durchsetzung der vom Militär gefaßten Kriegspläne; die Agrarkrise mußte beendet werden, da die Landwirtschaft eine der Hauptstützen des Militärs bildete, und andernfalls mit starken sozialen Unruhen zu rechnen war. Auch bei der Bewältigung dieser sozialen und ökonomischen Probleme sollte das Militär eine wesentliche Rolle spielen[19].

1.1.3 Die Ziele der amerikanischen Politik unter Roosevelt

Das Schwergewicht der amerikanischen Politik in den dreißiger Jahren lag vor allem in dem Streben nach Beendigung der Wirtschaftskrise, die in den Vereinigten Staaten von Amerika von besonderer Stärke war, und auch in der Mitte der dreißiger Jahre noch nicht wesentlich abgebaut werden konnte. Damit verbunden war eine bewußte Abwendung von der Außenwelt, die man für den wirtschaftlichen Zusammenbruch verantwortlich machte[20].

Die Außenpolitik zielte deswegen vor allem auf Wahrung der isolationistischen Stellung; Einmischung in die Verhältnisse anderer Länder wurde vermieden[21]. Diese Politik des Isolationismus war jedoch verbunden mit der Wahrnehmung von handelspolitischen Interessen gegenüber dem Ausland und diente insbesondere der Sicherung von Absatzmärkten und Rohstoffzufuhr[22]. Das wird vor allem an der Politik gegenüber den lateinamerikanischen Staaten deutlich.

Obwohl diese Politik der Nichteinmischung durch die Gefahr der Entstehung und Ausbreitung von Kriegen gefährdet wurde[23], nutzte Roosevelt die veränderte politische Lage nicht dazu, eine amerikanische Vormachtstellung zu erlangen. Kongreß und öffentliche Meinung zwangen Roosevelt zu einer Politik, die nicht geeignet war, Deutschland und Japan von Kriegsplänen abzuhalten[24]. Weder im japanisch-chinesischen Konflikt 1937 noch im Falle der deutschen Expansionspolitik bis 1938

---

[19] *I. Morris*, S. 9.
[20] *E. Angermann*, Die Vereinigten Staaten von Amerika, dtv.-Weltgeschichte des 20. Jahrhunderts, Bd. 7, München 1969, 2. Aufl., S. 173.
[21] *G. F. Kennan*, American Diplomacy 1900—1950, Chicago, Illinois, 4th Impr., 1952, S. 67, 79 ff. Die massive Intervention in Cuba 1933/34 bildete hierbei eine Ausnahme. Vgl. *E. Angermann*, S. 177 ff.
[22] Vgl. *E. Angermann*, S. 173 ff., insbes. S. 179.
[23] Art. „Isoliertes Amerika" (R. H. Gabriel), Propyläen Weltgeschichte. Eine Universalgeschichte, Hrsg. Golo Mann, Bd. 9, Berlin, Frankfurt, Wien 1960, S. 307.
[24] Vgl. dazu W. *Besson*, Roosevelt und der New Deal. Zum politischen Selbstverständnis der Amerikaner im 20. Jahrhundert. In: Aus Politik und Zeitgeschichte. Beilage zur Wochenzeitung „Das Parlament", Bd. 27 (1961), S. 392, sowie *G. F. Kennan*, S. 79 u. 82.

übernahmen die USA eine führende Rolle, um die Vorstöße beider Länder zu beenden.

Zwar gelang es Roosevelt im Herbst 1938 und im Frühjahr 1939 den Kongreß für bestimmte Rüstungsmaßnahmen zu gewinnen, wirtschaftliche Sanktionen gegen Japans Aggressionspolitik wurden von Roosevelt jedoch nur halbherzig unterstützt, aus Furcht, gemäßigten japanischen Kräften durch einschneidende Maßnahmen Boden zu entziehen.

Auch die amerikanischen Militärs waren der Auffassung, daß ein Krieg mit Japan vermieden werden müsse, zumal sich die Gefahr, daß die Faschisten in Europa vor einem Krieg nicht zurückschrecken würden, immer deutlicher abzeichnete. Bei Kriegsausbruch in Europa trat die überwiegende Mehrheit der Amerikaner für die Neutralität ihres Landes ein, obwohl verschiedene Maßnahmen zur Unterstützung der Alliierten befürwortet wurden[25].

Obgleich verschiedene Autoren den Nachweis zu führen suchten, daß Roosevelt aus ehrgeizigen Motiven und um von den Mißerfolgen des New Deal abzulenken bereits früh, möglicherweise schon nach den innenpolitischen Mißerfolgen 1937 geneigt war, in einen Krieg einzutreten[26], muß heute als gesichert angenommen werden, daß sich der amerikanische Kriegseintritt nicht auf einen vorgefaßten Plan zurückführen läßt, sondern durch eine Vielzahl von Ereignissen, die ein neutrales Verhalten unmöglich machten, erklärt werden muß[27].

In der Wirtschaftspolitik erfolgte eine Abweichung vom liberalistischen Konzept zugunsten eines Staatsinterventionismus mit den Zielen:
1. Beseitigung der sozialen Schäden der Wirtschaftskrise (1. Phase des New Deal „relief") durch direkte Unterstützungen; dazu zählte der Ausbau der „Federal Relief Emergency Administration", einer zentralen Behörde zur Gewährung von Unterstützungen, die Vergabe

---

[25] Vgl. *E. Angermann*, S. 186 ff.
[26] So z. B. von *T. Flynn*, The Truth About Pearl Harbor (1944), *Charles A. Beard*, American Foreign Policy in the Making 1932—1940 (1946) und Roosevelt and the Comeing of the War 1941 (1946), *G. Morgenstern*, Pearl Harbor (1947), *W. H. Chamberlin*, Americas Second Crusade (1950), *F. S. Sanborn*, Design for War (1951), *C. C. Tansill*, Back Door to War (1952), *H. E. Barnes* (Ed.), Perpetual War for Perpetual Peace (1953) und *R. A. Theobald*, The Final Secret of Pearl Harbor (1954). Vgl. dazu *E. C. Murdock*, Zum Eintritt der Vereinigten Staaten in den Zweiten Weltkrieg. In: Vierteljahreshefte für Zeitgeschichte, Hrsg. T. Eschenburg, 4. Jahrgang 1956, S. 94 ff.
[27] Darauf weist ebenfalls *Murdock* hin. Vgl. ebenda, S. 113. Er beruft sich auf die Untersuchungen verschiedener amerikanischer Historiker. Erwähnt seien vor allem *Langer* und *Gleason*, The Undeclared War. Dieselben; The Challange to Isolation, sowie *Perkins, Cole, Palmer, Snyder* und *Johnson*. Zitiert bei *Murdock*, S. 96 ff.

öffentlicher Aufträge sowie die Bildung eines „Civilian Conservation Corps" mit arbeitsdienstähnlichem Charakter[28]. Daneben leitete Roosevelt Maßnahmen ein, die die soziale Stellung der Arbeitnehmer verbesserten: den „Social Security Act" sowie den „Fair Labor Standard Act"[29].

2. Ankurbelung der Wirtschaft („recovery") durch Maßnahmen für Industrie und Handel — insbesondere den „National Industrial Recovery Act"[30] — sowie für die Landwirtschaft — insbesondere den „Agricultural Adjustment Act"[31].

3. Vermeidung der Möglichkeit neuer Krisen durch Revision des Wirtschaftssystems („reform"), insbesondere Maßnahmen zur Reform des Bankwesens, Revision der Steuergesetze, Einrichtung von staatlichen Export-Import-Banken zur Förderung des Außenhandels[32].

Im Zusammenhang mit dieser Politik des Isolationismus war man bestrebt, die wirtschaftliche Lage durch innere Reformen zu verbessern und die amerikanische Wirtschaft unabhängig zu machen[33].

1.2 Zusammenfassender Vergleich der Schwerpunkte politischer Ziele

Zusammenfassend läßt sich feststellen, daß Deutschland und Japan politischen Erklärungen seitens der Regierungen zufolge
1. aus bevölkerungs- und versorgungspolitischen Gründen eine territoriale Expansion anstrebten,
2. daß beide Länder jedoch zunächst für die Beseitigung wirtschaftlicher Schäden, entstanden durch die Weltwirtschaftskrise, sorgen mußten, um innenpolitische Stabilität zu erlangen,
3. eine Umstrukturierung der Wirtschaft anstrebten, die die weitgehend autarke Versorgung mit kriegswichtigem Material sichern und die zivile Versorgung gewährleisten sollte
und dabei offensichtlich die Außenpolitik eine Vorrangstellung einnahm.

Im Gegensatz hierzu waren die politischen Ziele der Vereinigten Staaten von Amerika primär innenpolitischer Art und auf die Bewahrung des Friedens für ihr Land ausgerichtet, und zwar auf

---

[28] W. F. Walter, Das New Deal, eine abgelaufene Wirtschaftsperiode. Tatsachen und ihre psychologischen Grundlagen. Jahrbücher für Nationalökonomie und Statistik, Bd. 154, Jena 1941, S. 414 ff.
[29] Ebenda, S. 421 ff.
[30] Dieser wurde 1935 für verfassungswidrig erklärt.
[31] Einzelheiten s. W. F. Walter, S. 425 ff.
[32] Ebenda, S. 446 f.
[33] E. Angermann, S. 174.

1. Sicherung der innenpolitischen Stabilität durch Beendigung der Wirtschaftskrise,
2. Sicherung des status quo in der Verteilung der Macht,

wobei zu bemerken ist, daß auch in den USA eine gewisse Abwendung vom Außenhandel erfolgte.

1.3 Methodische Bemerkungen

Ausgangspunkt der Untersuchung ist die Rostow'sche These, daß ein Zusammenhang zwischen Wirtschaftsstadien und kriegerischen Auseinandersetzungen besteht[34]. Zwar ist nach Ansicht Rostows die Existenz von Kriegen nicht durch die Existenz wirtschaftlicher Stadien erklärbar. Die Art der Kriege steht jedoch in einem gewissen Zusammenhang mit den Entwicklungsstadien der Länder[35]. Deswegen soll im folgenden untersucht werden, ob in Deutschland und Japan die wirtschaftliche Lage vor Ausbruch des Zweiten Weltkriegs vergleichbar und signifikant anders als die in den Vereinigten Staaten von Amerika war, so daß die verfolgten politischen Ziele möglicherweise in der wirtschaftlichen Lage begründet waren.

Die Untersuchung erfolgt durch eine Gegenüberstellung der natürlichen Gegebenheiten der Länder sowie der entsprechenden ökonomischen Aktivitäten. Um einen Vergleich zu erleichtern, wurden quantitativ erfaßbare Daten zusammengetragen. Dabei wurde auf das zu diesem Problemkreis vorhandene statistische Material zurückgegriffen. Sofern es möglich war, wurden bereinigte Statistiken zugrunde gelegt, da bei Erstellung der Statistiken verschiedene Aktivitäten teilweise systematisch unter- oder überschätzt wurden (z. B. Kriegsproduktion). Nach Möglichkeit werden zu solchen Vergleichen neuere Ermittlungen berücksichtigt.

Es sei darauf hingewiesen, daß auch durch statistische Ungenauigkeit keine wesentlichen Fehler in die Untersuchung eingehen, da hier Kennzahlen untersucht werden, deren Größenordnungen zwar verglichen werden, bei denen jedoch nur bei einer wesentlichen Abweichung voneinander auf tatsächlich vorliegende Unterschiede in der wirtschaftlichen Entwicklung geschlossen wird.

Aus demselben Grunde soll auch die Problematik des Vergleichs von statistischen Werten im Rahmen dieser Arbeit nur erwähnt werden. Selbst beim Vergleich nationaler Statistiken können Fehler auftauchen,

---

[34] Vgl. W. W. Rostow, Stadien wirtschaftlichen Wachstums. Eine Alternative zur marxistischen Entwicklungstheorie (The Stages of Economic Growth), Göttingen 1960, S. 133. Im folgenden zitiert als Rostow (I).
[35] Ebenda, S. 132.

die auf unterschiedlichen Definitionen in den Primärstatistiken, auf dem Zurückhalten von Informationen, unklaren Definitionen und Klassifizierungen basieren können[36]. Die Fehlermöglichkeiten beim Vergleich internationaler Statistiken sind ungleich größer, da außerdem durch Sprachunterschiede, Ungleichheit in Erhebungsmethoden und Erhebungszeitpunkten, in Definitionen und Klassifizierungen tiefergreifende Unterschiede bestehen können. Zudem bestanden im Betrachtungszeitraum kaum internationale Vereinbarungen über die Erstellung von Statistiken[37].

Auf die Problematik des Vergleichs von Produktions- und Beschäftigtenstatistiken weist vor allem W. G. Hoffmann hin[38], der jedoch aufgrund empirischer Ermittlungen zu der Aussage gelangt, daß auch bei systematischen Unterschieden in einzelnen Statistiken, ein Vergleich umfangreichen statistischen Materials Ähnlichkeiten in der Entwicklung quantitativer Merkmale in verschiedenen Ländern feststellbar macht[39].

Ein Teil der von Hoffmann in diesem Zusammenhang genannten Bedenken kann heute auch deswegen vernachlässigt werden, da inzwischen eine Aufbereitung historischer Statistiken nach theoretisch einheitlichen Gesichtspunkten erfolgt ist[40].

---

[36] Siehe dazu O. *Morgenstern,* Über die Genauigkeit wirtschaftlicher Beobachtungen (On the Accuracy of Economic Observations, Übers. v. E. Schlecht), 2., völlig neu bearb. und erw. Auflage, Wien und Würzburg 1965, S. 11—61.
[37] R. *Wagenführ,* Der internationale wirtschafts- und sozialstatistische Vergleich. Eine Einführung, Freiburg 1959, S. 166 f.
[38] Vgl. W. G. *Hoffmann,* Stadien und Typen der Industrialisierung. Ein Beitrag zur quantitativen Analyse historischer Wirtschaftsprozesse. Im folgenden abgekürzt als „Stadien" (1931). Probleme der Weltwirtschaft, Bd. 54, Jena 1931, S. 32 ff.
[39] W. G. *Hoffmann,* S. 44.
[40] So z. B. durch *Hoffmann, Kuznets* und *Ohkawa.*

2. Krieg und Entwicklungsstadien

Der Vergleich der am Zweiten Weltkrieg beteiligten Länder Deutschland, Japan und Vereinigte Staaten hinsichtlich ihres Wachstumsniveaus geht — wie oben bereits erwähnt — von der Rostow'schen Beobachtung aus, daß ein Zusammenhang zwischen Entwicklungsniveau und territorialen Expansionsbestrebungen besteht[41].

Betrachtet man die These Rostows, daß bestimmte Arten von Kriegen mit dem Entwicklungsniveau der Gesellschaften verbunden sind, so stellen sich folgende Fragen:

1. Wodurch unterscheiden sich die Kriege, die für ein bestimmtes Entwicklungsniveau charakteristisch sind von Kriegen auf anderen Entwicklungsstufen?
2. Welche Unterschiede im Entwicklungsniveau können zur Erklärung des Zweiten Weltkrieges beitragen?

Um diese Frage weiter verfolgen zu können, sei zunächst Rostows Untersuchung über den Zusammenhang zwischen Kriegsarten und Entwicklungsstadien wiedergegeben.

2.1 Rostows Thesen über den Zusammenhang zwischen kriegerischen Auseinandersetzungen und Entwicklungsstadien

2.1.1 Der koloniale Krieg

Noch im 18. Jahrhundert erfolgten koloniale Auseinandersetzungen, vor allem, um mit Hilfe politischer und militärischer Macht ökonomische Interessen von einflußreichen Gruppen durchzusetzen[42]. Auch bei traditionellen Gesellschaften und Gesellschaften im Aufbruch ist privates Profitinteresse häufig noch eine wichtige Erklärungskomponente für das Entstehen von Kriegen[43]. Bis zu einem gewissen Grad beschleunigen militärische Erfordernisse die wirtschaftliche Entwicklung, aber

---
[41] Diese These wiederholt *Rostow* nicht in dieser Strenge in seiner neueren Veröffentlichung Politics and the Stages of Growth, Cambridge 1971, im folgenden zitiert als Rostow (II), obgleich er hier nach den Zusammenhängen zwischen der politischen Entwicklung und den damit verbundenen Problemen der Sicherheit, Wohlfahrt und der verfassungsmäßigen Ordnung und ihrer Abhängigkeit von dem Entwicklungsstadium fragt.
[42] W. W. *Rostow* (I), S. 134 ff.
[43] Ebenda, S. 181

die Kosten eines Krieges überwiegen in der Regel die daraus erzielten Vorteile[44].

2.1.2 Regional begrenzte Aggression

Regional begrenzte Aggressionen von Gesellschaften im Übergangsstadium zur Industrialisierung konnten erfolgen, da Gewinne aus territorialen Annexionen erwartet wurden und verschiedene Interessengruppen aus diesem Grunde nationale Politiker und Militärs in ihren außenpolitischen Zielsetzungen unterstützten. Aber meist unabhängig von wirtschaftlichen und sozialen Bestrebungen wurden kriegerische Auseinandersetzungen mit benachbarten Gebieten gesucht, um internationale Bedeutung zu erlangen. Solche Kriege wurden durch das neu entstandene, ausgeprägte Nationalbewußtsein aufstrebender Nationen begünstigt, das erst die Fähigkeit zur Durchsetzung nationaler machtpolitischer Interessen schuf[45].

2.1.3 Massiver Krieg um das Mächtegleichgewicht

Der Eintritt verschiedener Volkswirtschaften in das Stadium der Reife ist nach Ansicht Rostows ein Ansatzpunkt zur Erklärung der großen Kriege des 20. Jahrhunderts[46].

Deutschland, Japan, Rußland und die USA verfolgten bereits Ende des 19. Jahrhunderts eine Politik begrenzter regionaler Expansion. Aber erst im 20. Jahrhundert wurden Anstrengungen unternommen, das Machtgleichgewicht zu beeinflussen[47]:

Die unterschiedliche Entwicklung der Machtpositionen Deutschlands und Osteuropas sowie Japans und Chinas infolge zeitlicher Diskrepanzen in der ökonomischen Entwicklung bildete die chronische Gefahr für das Machtgleichgewicht zwischen den Ländern der nördlichen Hemisphäre.

In Deutschland wurde nach der Beendigung des wirtschaftlichen Reifeprozesses um 1910 die Möglichkeit, in das Zeitalter des Massenkonsums überzugehen, wegen des vorherrschenden Ziels nationaler Expansion nicht verfolgt. Vielmehr wurde durch den Krieg von 1914 bis 1918 versucht, Osteuropa in den eigenen Einflußbereich überzuführen.

Die fehlende Dynamik in der wirtschaftlichen Entwicklung der USA als Folge der Weltwirtschaftskrise stärkte nach Ansicht Rostows die

---

[44] W. W. Rostow (II), S. 28 f. und S. 51 f.
[45] Ders. (I), S. 22, 47 ff. und 138 ff.
[46] Ebenda, S. 140 ff. Vermutungen über den Zusammenhang zwischen den Entwicklungsstadien und dem Ungleichgewicht zwischen den europäischen Mächten als kriegsförderndes Element wiederholt Rostow (II), S. 217.
[47] Ebenda

isolationistische Haltung der Vereinigten Staaten, „... teilweise ... auf Grund des Fanatismus, mit dem innenpolitische Probleme behandelt wurden..."[48].

England und Frankreich waren in ihrer Macht, fremde Aggressionen frühzeitig abzuwehren, geschwächt. Auch ihnen gelang es nicht, den Pessimismus über die weitere wirtschaftliche Entwicklung durch einen Schritt in das Massenkonsumzeitalter zu beseitigen.

Daraus resultierte die Unfähigkeit der Vereinigten Staaten, Frankreichs und Englands, Japan und Deutschland davon abzuhalten, das Mächtegleichgewicht im Sinne nationaler Interessen zu verändern.

In Japan, das inzwischen das Zeitalter der technischen Reife erreicht hatte, und auch in Deutschland führte der wirtschaftliche Rückschlag durch die Weltwirtschaftskrise zu nationalistisch gesonnenen Regierungen, die das Land zwangen, auf Ausdehnung des privaten Massenkonsums zugunsten militärischer Rüstung zu verzichten.

2.1.4 Kritik

Rostow unterscheidet somit Kriege, die zur Erzielung ökonomischer Gewinne geführt werden, von Kriegen, die zur Vergrößerung der Machtsphäre geführt werden[49], bei denen ökonomische Motive keine wesentliche Rolle spielen. Inwiefern beide Motivationen mit dem gesellschaftlichen Phänomen des Nationalismus verknüpft sind, untersucht Rostow nicht näher, obgleich er den Einfluß beider Motive auf die Form des Nationalismus anerkennt[50].

Da der Zweite Weltkrieg entstanden ist aus nationalistischen Zielsetzungen Japans und Deutschlands[51], ist zu fragen, inwiefern ökonomische Motivationen möglicherweise doch im Zusammenhang mit der Entstehung des Krieges stehen.

Diese Fragestellung scheint berechtigt, da Rostow selbst in der wirtschaftlichen Lage der dreißiger Jahre ein Element sieht, das den Kriegsausbruch begünstigt hat.

2.2 Entwicklungsstadien und Zweiter Weltkrieg

Geht man weiter vom Rostow'schen Konzept des Zusammenhangs zwischen Kriegen und Entwicklungsstadien aus, so ist danach zu

---

[48] W. W. Rostow (I), S. 146.
[49] Die gleichen Motivationen bestimmen menschliches Handeln, es kommen jedoch ergänzende Faktoren hinzu. Vgl. W. W. Rostow (I), S. 178 f. Genauere Angaben über die von Rostow vermuteten Antriebskräfte menschlichen Handelns finden sich bei Rostow (II), S. 7 ff.
[50] Ders. (I), S. 44 ff.
[51] Ebenda, S. 146, für Deutschland in Verbindung mit S. 145 ableitbar.

suchen, ob mit den Entwicklungsstadien verbundene Erscheinungen nach einer territorialen Expansion verlangten oder sie zumindest begünstigten. Hierin könnte dann eine Ursache für das Entstehen des Zweiten Weltkrieges liegen. Aus diesem Grunde ist es notwendig, die Unterschiede in den wirtschaftlichen Entwicklungen der Länder aufzuzeigen und zu versuchen, kriegsfördernde, mit dem Entwicklungsstadium verbundene ökonomische Bedingungen aufzudecken.

2.2.1 Nationale Politik und Wirtschaftsstadien vor Ausbruch des Zweiten Weltkriegs

Über die Zusammenhänge zwischen Entwicklungsstadien und Zweitem Weltkrieg lassen sich folgende Thesen herauskristallisieren, die für die folgende Untersuchung von Bedeutung sind:

1. Ungleiche Positionen in der wirtschaftlichen Entwicklung Japans und Deutschlands einerseits und Südostasiens und Osteuropas andererseits ermöglichen das Streben nach Erweiterung nationaler Einflußbereiche[52]. Diese Entwicklungsunterschiede verursachten ein Ungleichgewicht der Macht und bildeten den Anlaß für kriegerische Auseinandersetzungen[53].

2. Die an der Aufrechterhaltung des Mächtegleichgewichts interessierten westlichen Länder, USA, Frankreich und England hatten das Stadium der Reife erreicht, ebenso die Aggressoren Japan und Deutschland. Die USA befanden sich bereits im Stadium des Massenkonsums.

3. Die wirtschaftliche Stagnation als Folge der Weltwirtschaftskrise führte in den reifen Gesellschaften zu verschiedenen Schwerpunkten in der nationalen Politik: Konzentration auf die Innenpolitik auf seiten der USA, politische Unentschlossenheit in England und Frankreich, nationalistisch-aggressive Außenpolitik von Japan und Deutschland.

2.2.2 Abgrenzung der Fragestellung

Bei der Suche nach einem ökonomischen Erklärungsansatz für den Zweiten Weltkrieg muß man fragen, welche Unterschiede in den Entwicklungsstadien einen Erklärungswert für den Kriegsausbruch besitzen. Es ist in folgender Weise zu differenzieren:

a) Unterschiedliche Entwicklungsniveaus zwischen den Angreifern und den Eroberungszielen;

---

[52] S. dazu auch W. W. *Rostow* (II), S. 101 f.
[53] W. W. *Rostow* (I), S. 143.

2.3 Entwicklungsniveau und ökonomische Leistungsfähigkeit

b) Unterschiede im Entwicklungsniveau zwischen den Verteidigern von Machtpositionen — d. h. USA, Frankreich und England — und den, diese Machtpositionen angreifenden Ländern.

Unterschiedliche Entwicklungsstadien zwischen den angreifenden Nationen und den Eroberungszielen sind evident[54]. Diese Unterschiede ermöglichten einen Krieg, bilden jedoch nicht die Hauptursache für das Entstehen des Zweiten Weltkriegs. Eine Erklärung sieht Rostow vielmehr darin, daß Japan und Deutschland in das Reifestadium eintraten[55]. Sie erreichten damit ein Entwicklungsniveau, das ihnen die Führung eines massiven Krieges möglich machte.

Es stellt sich jedoch die Frage, welche Bedingungen dazu führten, daß Japan und Deutschland eine aggressive Politik verfolgten, während andere Länder auf einem vergleichbar erscheinenden Entwicklungsstand ihre Machtsphäre nicht ausdehnen wollten. Es ist deswegen zu untersuchen, ob sich die ökonomischen Gegebenheiten der Angreiferländer von denen der nach Erhaltung des status quo strebenden Länder in den dreißiger Jahren so wesentlich unterschieden, daß darin eine Kriegsursache gesehen werden kann.

Daneben besteht ferner die Möglichkeit, daß entgegen den Feststellungen Rostows Unterschiede im Entwicklungsstadium der Länder vorliegen, so daß kein ursächlicher Zusammenhang zwischen einem bestimmten Entwicklungsstadium und dem Ausbruch des Zweiten Weltkriegs festgestellt werden kann. Der von Rostow behauptete Zusammenhang zwischen dem Stadium wirtschaftlicher und technischer Reife und dem Ausbruch des Zweiten Weltkriegs müßte dann als widerlegt gelten.

Die weitere Untersuchung wird sich darauf beschränken, die ökonomischen Gegebenheiten der Länder zu untersuchen und im Hinblick auf mögliche Kriegsursachen zu vergleichen. Dabei wird vor allem von dem Konzept der Wirtschaftsstadien ausgegangen. Um eine genaue Untersuchung durchführen zu können, ist es zunächst erforderlich, Kriterien für die ökonomische Leistungsfähigkeit in verschiedenen Entwicklungsstadien zu suchen.

2.3 Entwicklungsniveau und ökonomische Leistungsfähigkeit

2.3.1 Determinanten der ökonomischen Leistungsfähigkeit

Die ökonomische Leistungsfähigkeit eines Landes hängt von qualitativen und quantitativen Faktoren ab. Zu den quantitativen Bestim-

---

[54] W. W. Rostow (I), S. 140 ff.
[55] Ebenda.

mungsgrößen gehören Größe und Zusammensetzung der Bevölkerung, vorhandene natürliche Ressourcen, der Bestand an privatem und sozialem Sachkapital, die Produktionsstruktur sowie die Aufteilung dieser Faktoren auf die Wirtschaftsstruktur. Die qualitativen Größen, die die ökonomische Leistungsfähigkeit beeinflußen, aber nur schwer quantifiziert werden können, sind insbesondere in der Ausbildung der Bevölkerung, dem technischen Stand des Kapitalstocks, der Organisation von Wirtschaft und Verwaltung sowie dem Leistungswillen und der Antriebstärke der Bevölkerung zu sehen, Größen, die mit dem Entwicklungsniveau der Wirtschaft in engem Zusammenhang stehen. Diese Faktoren bestimmen über die weitere wirtschaftliche Entwicklung und die Realisierbarkeit wirtschaftspolitischer Ziele. Da man in den dreißiger Jahren die zukünftigen Entwicklungs-Chancen pessimistisch beurteilte[56] und darüber hinaus der Welthandel in der Wirtschaftspolitik vielfach nicht mehr als das bedeutenste Element des Ausgleichs von Faktorreichtum und -armut angesehen wurde[57], läßt sich ermessen, welche Bedeutung dann erst der Faktorausstattung des Landes beigemessen wurde.

Es soll deswegen im folgenden untersucht werden, welche natürliche Ausgangsbasis die Wirtschaft in den betrachteten Ländern besaß. Daneben wird auch zu analysieren sein, welcher Entwicklungsstand in den einzelnen Ländern bereits erreicht war, was jedoch zunächst einer näheren Abgrenzung des Begriffs und einer Entwicklung der Kriterien, die für ein bestimmtes Entwicklungsniveau charakteristisch sind, bedarf.

2.3.2 Die Charakteristika von Entwicklungsstadien

Der Versuch, die Länder hinsichtlich ihres Entwicklungsstandes zu vergleichen, geht von den umfangreichen empirischen Beobachtungen der deutschen „Historischen Schule" der Nationalökonomie aus, daß wachsende Volkswirtschaften verschiedene Entwicklungsstadien durchlaufen.

Als Entwicklungsniveau oder -stufe wird also ein von einer Wirtschaft aufgrund ihres erzielten Wachstums der Produktionsmöglichkeiten, verbunden mit einer Änderung sozialer, politischer und institutioneller Faktoren erreichter Stand bezeichnet, der deutlich unterschieden werden kann von einer anderen Phase des Wachstumsprozesses.

---

[56] Vgl. dazu J. M. Keynes, The General Theory of Employment, Interest and Money, London, New York 1936, sowie die Stagnationshypothese A. Hansens. Vgl. A. Hansen, Secular Stagnation. In: R. F. Himmelberg (Ed.), The Great Depression and American Capitalism, Boston 1968, S. 46 ff.
[57] Das verdeutlichen die Autarkiebestrebungen vieler Länder in den dreißiger Jahren.

2.3 Entwicklungsniveau und ökonomische Leistungsfähigkeit

Bei dieser Definition wird nicht berücksichtigt, daß das Durchlaufen aufeinanderfolgender Entwicklungsniveaus nicht zwangsläufig ist[58]. Auch auf die umfangreiche Kritik hinsichtlich des weitgehend fehlenden Erklärungswertes der Stufentheorien wird nicht eingegangen, da im Rahmen der Arbeit nicht versucht wird, das wirtschaftliche Wachstum der Länder mit Hilfe der beobachteten Parameter zu erklären[59].

Die Einteilung in Wirtschaftsstufen wird im allgemeinen aus methodischen Gründen vorgenommen. Die Anwendung einer solchen Typik zwingt zwar zu vereinfachender Verallgemeinerung, dient jedoch der Erfassung der Besonderheit der Form und ihrer Beschreibung[60]. Hier soll jedoch darüber hinausgehend versucht werden, durch Feststellung von Unterschieden in den Entwicklungsstadien zu einer Erklärung des Zweiten Weltkriegs zu gelangen.

2.3.2.1 Entwicklungsstadien nach Rostow

Der Rostow'sche Versuch, das wirtschaftliche Wachstum als einen Prozeß, der verschiedene Stadien durchläuft, zu beschreiben, macht eine solche Abgrenzung verschiedener Entwicklungsstadien erforderlich[61], was als Ausgangspunkt für die weitere Analyse dienen kann.

Rostow unterscheidet sechs Stadien, die jede Gesellschaft bei ihrem Entwicklungsprozeß durchläuft: die traditionelle Gesellschaft mit statischer Produktionsfunktion, die Gesellschaft im Übergang, in der die sozialen, politischen und institutionellen Ausgangsbedingungen für ein stetiges wirtschaftliches Wachstum geschaffen werden. Dieser Phase folgt die des wirtschaftlichen Aufstiegs, aus der nach einem Reifeprozeß die Massenkonsumgesellschaft hervorgeht. Das sechste Stadium, das von den hochindustrialisierten Ländern zur Zeit durchlaufen wird, ist das der Suche nach Qualität[62].

---

[58] Vgl. dazu *E. Salin*, Unterentwickelte Länder: Begriff und Wirklichkeit, Kyklos, Internationale Zeitschrift für Sozialwissenschaften, Vol. XII, Würzburg 1959, S. 412.
[59] Vgl. dazu Art. „Wirtschaftsstufen" (H. Kellenbenz), in: Handwörterbuch der Sozialwissenschaften, Bd. 12, Stuttgart, Tübingen und Göttingen 1965, S. 260 ff., sowie *B. F. Hoselitz*, Theories of Stages of Economic Growth, B. F. Hoselitz et al. (Ed.), in: Theories of Economic Growth, Glencoe 1960, S. 234 f.
[60] *E. Salin*, Zur Methode und Aufgabe der Wirtschaftsgeschichte, Schmollers Jahrbuch für Gesetzgebung, Verwaltung und Volkswirtschaft im Deutschen Reiche, 45. Jahrgang, München, Leipzig 1921, S. 491.
[61] An dieser Stelle kann nicht auf die Diskussion eingegangen werden, ob die Rostow'sche Studie Erklärungsansätze für den Entwicklungsprozeß bietet. Es wird lediglich von der Rostow'schen Terminologie und den deskriptiven Elementen der Studie Gebrauch gemacht.
[62] Dieses Stadium wird erst bei *Rostow* (II), S. 230 ff. genauer charakterisiert.

2. Krieg und Entwicklungsstadien

Von besonderem Interesse für die folgende Untersuchung sind — wie oben bereits angegeben — der sich an das Stadium des wirtschaftlichen Aufstiegs anschließende Reifeprozeß und das Stadium des Massenkonsums.

Der Reifeprozeß ist durch folgende Faktoren gekennzeichnet:
1. Die „Gesellschaft (nutzt) den Großteil ihrer Ressourcen in effizienter Weise mit Hilfe einer Reihe moderner Techniken..."[63].

Der Versuch, moderne Techniken auf alle Bereiche wirtschaftlicher Aktivität auszudehnen, erfordert

2. Investitionen in Höhe von 10—20 % des Volkseinkommens.

Das ermöglicht

3. die Steigerung des Realeinkommens pro Kopf der Bevölkerung, d. h., die Wachstumsrate des Output übersteigt die Wachstumsrate der Bevölkerung.
4. Die Industriestruktur ändert sich, wobei die führenden Sektoren von der vorhandenen Technik, aber auch den Rohstoffvorkommen mitbestimmt werden.
5. Der Außenhandel steigt.

Gleichzeitig erfolgt ein gesellschaftlicher Wandel, durch den alte Werte und Institutionen durch neue, das Wachstum nicht behindernde ersetzt werden[64].

Die durch den Reifungsprozeß verursachte Steigerung des Realeinkommens pro Kopf ermöglicht in der folgenden Phase eine Steigerung der Wohlfahrt, die sich auf verschiedene Arten ausdrücken kann: in dem nationalen Streben nach Macht und Einfluß durch Bereitstellen umfangreicher Mittel für Militär und Außenpolitik, in der Errichtung eines Wohlfahrtsstaates zur Erreichung menschlicher und sozialer Ziele oder in einer Steigerung des Massenkonsums bei dauerhaften Konsumgütern.

Welche Kräfte den Ausschlag für die Wahl der Nutzung der Produktionsmöglichkeiten geben, geht aus Rostows Untersuchung nicht hervor. Daraus wären jedoch möglicherweise Schlüsse auf die Ursachen machtpolitischer Auseinandersetzungen zu ziehen. Darüber hinaus gibt Rostow zwar diese, verschiedene Entwicklungsstadien charakterisierenden Elemente an, läßt es dabei aber an deutlicheren Abgrenzungen fehlen. Dieser Mangel ist nur schwer zu beheben, da das Wachstum, das zu

---
[63] W. W. *Rostow* (I), S. 78.
[64] Ebenda, S. 24.

diesen Stadien führt, ein stetiger Prozeß ist — der zwar von konjunkturellen Schwankungen überlagert wird, wobei sich jedoch ein eindeutiger, nach oben gerichteter Trend ermitteln läßt —, und demzufolge die Entwicklungsniveaus nicht durch Sprünge erreicht werden, sondern allmählich, und mit zeitlichen Verzögerungen bei einzelnen Aktivitäten. Dennoch soll im folgenden der Versuch gemacht werden, diese Wirtschaftsstadien deutlich voneinander abzugrenzen.

2.3.2.2 *Umschichtung der Erwerbstätigen*

Ausgehend von der Rostow'schen Feststellung, daß der Wachstumsprozeß hohe Investitionen erforderlich macht, um neue Techniken zu ermöglichen und neue Industrien entstehen zu lassen, stellt sich die Frage, wie sich der Wachstumsprozeß auf die Produktionsstruktur der Wirtschaft auswirkt.

Obgleich nach den Feststellungen Rostows die führenden Sektoren im Reifeprozeß nicht in allen Ländern dieselben sind, sondern durch die anwendbaren Techniken, vorhandene Ressourcen und gesellschaftliche und politische Kräfte bestimmt werden[65], können generelle Tendenzen in allen Industrialisierungsprozessen festgestellt werden.

Nach Colin Clark ist wirtschaftlicher Fortschritt, d. h. das Wachstum des Realeinkommens oder einer seiner Komponenten verbunden mit einem progressiven Anstieg der Beschäftigten in Bergbau und Industrie, dem sog. sekundären Produktionssektor, und im weiteren Reifeprozeß mit einer neuerlichen Umschichtung der Beschäftigten zugunsten des Dienstleistungssektors, also des tertiären Bereichs[66].

Eine eindeutige Bestimmung des Anteils der Beschäftigten in den einzelnen Sektoren für verschiedene Entwicklungsniveaus trifft Fourastié, was in der folgenden Übersicht dargestellt ist[67]:

---

[65] *W. W. Rostow* (I), S. 78. Auf die Bedeutung der Naturschätze und Naturgaben für den Entwicklungsprozeß weist bereits List hin. Vgl. dazu *E. Salin*, Unterentwickelte Länder, S. 409, der selbst ebenfalls die Faktorenausstattung als ausschlaggebend für die Art des Entwicklungsprozesses hält.
[66] *C. Clark*, The Conditions of Economic Progress, 2nd Edition, London 1951, S. 395 ff., zitiert bei B. F. Hoselitz, S. 203 und 235.
[67] Diese Beobachtungen von Fourastié sind zusammengefaßt bei *F. Kneschaurek*, Wachstumsbedingte Wandlungen der Beschäftigtenstruktur im industriellen Produktionssektor. In: Strukturwandlungen einer wachsenden Wirtschaft, 2. Bd. Schriften des Vereins für Socialpolitik, NF Bd. 30/II, Berlin 1964, S. 721. Der primäre Sektor umfaßt Land- und Forstwirtschaft sowie die Fischerei. Im sekundären Bereich wird der Bergbau sowie die industrielle Fertigung erfaßt, der tertiäre Sektor umschließt alle Dienstleistungen, wie Handel, Verkehr, Versicherungen, Bankwesen etc.

2. Krieg und Entwicklungsstadien

Struktur der erwerbs- tätigen Bevölkerung	Primärer	Sekundärer	Tertiärer
	Sektor (% der Beschäftigten)		
wenig entwickeltes Land	70—80	10	10
Übergangsphase		45—65	
hochentwickeltes Land	10	10	80

Diese Einteilung in drei Entwicklungsphasen stimmt zwar nicht mit der Rostow'schen überein, ermöglicht jedoch eine gewisse Lokalisierung der Volkswirtschaften hinsichtlich der Rangfolge im Entwicklungsprozeß.

2.3.2.3 Änderung der Industriestruktur

Die Auswirkungen dieser Umstrukturierung der Erwerbstätigen auf die Industrieproduktion hat W. G. Hoffmann analysiert.

Ein besonderes Kriterium für den Entwicklungsstand einer Volkswirtschaft ergibt sich seinen Untersuchungen zufolge aus der Gegenüberstellung der Wertschöpfung in den Konsumgutindustrien und den Kapitalgutindustrien. „Konsumgutindustrien setzen ihre Produkte an Endverbraucher ab, Kapitalgutindustrien sind Lieferanten von Produkten, die einer Weiterverarbeitung dienen. Diese Relation läßt die Voraussetzungen für den Umfang und die Differenzierung der Güterversorgung erkennen ..."[68], denn für die Konsumgutindustrien ist ein vergleichsweise niedriger Kapitalstock erforderlich, die Anforderung an die Ausbildung der Arbeitskräfte ist geringer, erst durch Kapitalakkumulation und technische Ausbildung entsteht die Möglichkeit, Produktionsumwege zu wählen, was zu einer Steigerung der Wertschöpfung bei den Industrien führt, die Kapitalgüter produzieren[69].

Jedoch auch innerhalb dieser Industriegruppen ändert sich die Produktionszusammensetzung, wobei meist die Leichtindustrie in ihrer Bedeutung durch die Schwerindustrie abgelöst wird.

Im bisher außer acht gelassenen Dienstleistungssektor gewinnen der Handel sowie die Bereiche Transport, Kommunikation und das Finanzwesen erhöhte Bedeutung[70].

---

[68] *W. G. Hoffmann*, Stadien (1931), S. 15.
[69] Ebenda, S. 20 ff., ergänzt durch *W. G. Hoffmann*, Stadien und Typen der Industrialisierung. Weltwirtschaftliches Archiv, Bd. 103, Tübingen 1969.
[70] Ebenda (1931), S. 22. Vgl. dazu auch *S. Kuznets*, Reflections on the Economic Growth of Modern Nations, S. 96. In: *S. Kuznets*, Economic Growth and Structure, Selected Essays, London 1966.

2.3 Entwicklungsniveau und ökonomische Leistungsfähigkeit

2.3.2.4 Intensivierung des Außenhandels

Mit der Industrialisierung verbunden ist ein Prozeß der Intensivierung des Außenhandels[71]. Dabei ändert sich auch die Zusammensetzung der Güterströme: bei wenig entwickelten Volkswirtschaften bestehen die Exporte aus Rohstoffen oder einfachen Konsumgütern, wie Lebensmitteln und Textilien, deren Herstellung niedrige Anforderungen an die Ausbildung der Arbeitskräfte und den Kapitalstock stellt.

Im Industrialisierungsprozeß steigt der Anteil der kapitalintensiv hergestellten Produkte am Außenhandel an, während nun Rohstoffe und einfache Veredelungsprodukte eingeführt werden. Zunächst werden jedoch noch hochwertige Industrieprodukte, z. B. Spezialmaschinen eingeführt[72].

Auf die Bedeutung der Intensivierung des Welthandels weist vor allem Predöhl hin, der jedoch gleichzeitig verdeutlicht, daß das Außenhandelsvolumen von den Standortvorteilen der Volkswirtschaften abhängt, die über die Möglichkeit autarker Versorgung bestimmen oder komparative Kostenvorteile entstehen lassen[73].

Die Fähigkeit, den Entwicklungsprozeß ohne Import von Rohstoffen durchzuführen, der im allgemeinen große Bedeutung aus zahlungsbilanztechnischen Gründen oder im Falle geplanter Kriege aus versorgungspolitischen Gründen zukommt, sei im folgenden als Selbstversorgungsgrad bezeichnet.

Die soeben erwähnten Zahlungsbilanzprobleme resultieren aus dem im Entwicklungsprozeß zunächst stark angestiegenen Importbedarf an Spezialmaschinen und gegebenenfalls an Rohstoffen, denen noch kein entsprechendes Angebot an Exportgütern gegenübersteht.

2.3.3. Zusammenfassung der Indikatoren für das Entwicklungsniveau

Wichtige Aufschlüsse über die wirtschaftliche Leistungsfähigkeit der Länder und das erreichte Entwicklungsniveau können mithin die folgenden Faktoren geben, die im 3. Teil empirisch daraufhin untersucht werden müssen, ob von ihnen Kräfte ausgingen, die einen Krieg verursacht haben können:

Die natürlichen Gegebenheiten der Länder sowie der bereits erzielte Erfolg ökonomischer Aktivität, d. h. das Entwicklungsniveau, das gekennzeichnet ist durch die Höhe und Wachstumsrate von Sozial-

---

[71] S. *Kuznets*, Toward a Dynamic Theory of Economic Growth. In: Economic Growth and Structure, S. 52.
[72] W. G. *Hoffmann*, Stadien (1931), S. 23 ff.
[73] A. *Predöhl*, Außenwirtschaft, Weltwirtschaft, Handelspolitik und Währungspolitik, Göttingen 1949, S. 163 f.

produkt und Sozialprodukt pro Kopf der Bevölkerung, gemessen in konstanten Preisen,
Beschäftigungsstruktur, und damit verbunden die Industriestruktur, Höhe der Investitionsquote sowie die Verwendung des restlichen Sozialprodukts für Konsumzwecke und Kollektivbedarf,
Höhe, gütermäßige Zusammensetzung und Richtung des Außenhandels.

Da jedoch nicht nur langfristige, die wirtschaftliche Entwicklung bestimmende Faktoren politische Entscheidungen über die weitere Gestaltung des Wirtschaftsprozesses erfordern, sondern auch kurzfristige, konjunkturelle Bewegungen, dürfen auch diese nicht vernachlässigt werden.

2.3.4 Einfluß konjunktureller Schwankungen auf die Indikatoren des Leistungsniveaus

Bei der Analyse der wirtschaftlichen Lage ist deshalb zu berücksichtigen, wie die konjunkturellen Bewegungen den Wachstumsprozeß überlagern und damit die Wachstumsindikatoren beeinflussen und politische Schwierigkeiten verursachen.

Als Konjunkturschwankungen werden im folgenden „... die mehr oder minder regelmäßigen Abweichungen der wirtschaftlichen Aktivität von der Gleichgewichts-Wachstumsrate..."[74] bezeichnet.

Diese Entwicklung kommt zum Ausdruck durch das Entstehen von Disparitäten zwischen Angebot und Nachfrage und führt zu unerwünschten Einbußen bei der Verfolgung wirtschaftspolitischer Ziele[75], wodurch Maßnahmen der Wirtschaftspolitik erforderlich werden, die diese Auswirkungen korrigieren oder bereits die Konjunkturschwankungen stabilisieren. Die Konjunkturdiagnose stützt sich dabei auf Indikatoren, die im allgemeinen typische Verlaufsformen im Konjunkturzyklus aufweisen und deswegen auch in diesem Zusammenhang verwendet werden können, um die konjunkturelle Situation zu charakterisieren.

Als charakteristisches Merkmal ist hier vor allem der Beschäftigungsgrad der Wirtschaft zu nennen, der vor allem ein Indikator der konjunkturellen Situation ist[76]. Der Beschäftigungsgrad einer Volkswirt-

---

[74] W. *Krelle*, Grundlinien einer stochastischen Konjunkturtheorie. In: W. Weber u. H. Neiss (Hrsg.), Konjunktur- und Beschäftigungstheorie, Köln, Berlin 1967, S. 334.
[75] Vgl. dazu im einzelnen bspw. die Beiträge in *A. E. Ott* (Hrsg.), Fragen der wirtschaftlichen Stabilisierung, Tübinger wirtschaftswissenschaftliche Abhandlungen, Bd. 3, Tübingen 1967.
[76] Art. „Konjunkturen" (W. A. Jöhr), Handwörterbuch der Sozialwissenschaften, Bd. 6, 1959, S. 106.

2.3 Entwicklungsniveau und ökonomische Leistungsfähigkeit

schaft setzt sich zusammen aus der Auslastung der gegebenen Kapazitäten des Kapitalstocks sowie der Beschäftigung der zur Verfügung stehenden Arbeitskräfte. Beide Komponenten verändern sich im Konjunkturverlauf nicht nur relativ, sondern auch absolut und sind deswegen als Indikatoren besonders geeignet[77].

In direktem Zusammenhang mit dem Beschäftigungsgrad verändert sich das Einkommen der Produktionsfaktoren, d. h. also das Nettosozialprodukt zu Faktorkosten. Dadurch, und zusätzlich beeinflußt von konjunkturbedingten Änderungen des Preisniveaus, schwankt auch das Sozialprodukt zu Marktpreisen. Die Bewegung dieser Größen erfolgt in einer nicht stationären Wirtschaft um den Wachstumstrend, es muß mithin kein absoluter Rückgang bei diesen Größen auftreten[78]. Infolge des funktionalen Zusammenhangs von Konsum und Einkommen verändern sich im Konjunkturzyklus auch die Ausgaben der privaten Haushalte für Konsumgüter. Letztere sind jedoch, außer vom verfügbaren Einkommen, abhängig von verschiedenen anderen Faktoren, wie den Vermögensverhältnissen, dem höchsten, bereits erreichten Einkommen, der Reaktionsgeschwindigkeit der Haushalte[79], so daß die Änderung der Konsumausgaben meist zeitlich verzögert und mit unterschiedlicher Stärke auftritt.

Deutlicher als die des Konsums ist die Konjunkturempfindlichkeit der Investitionen, die abhängig sind von der Höhe des Einkommens der vorherigen Periode und dem zur Produktion zur Verfügung stehenden Kapitalstock[80] und damit von der Kapazitätsausnutzung, jedoch auch wesentlich bestimmt werden von den Erwartungen über die zukünftige Entwicklung der Nachfrage und den daraus resultierenden Gewinnchancen[81].

Eine weitere Differenzierung der Konjunkturindikatoren ist durchaus möglich, für die hier vorgesehene Analyse aber nicht erforderlich.

---

[77] Art. „Konjunkturen", S. 106.
[78] Ebenda.
[79] J. S. Duesenberry, Die Beziehung zwischen Einkommen und Konsum und ihre Folgen, S. 298; sowie F. Modigliani und R. Brumberg, Nutzenanalyse und Konsumfunktion, S. 320 ff. Beide in: E. u. M. Streissler (Hrsg.), Konsum und Nachfrage, Köln, Berlin 1966.
[80] R. C. O. Matthews, Investition: Das Akzeleratorprinzip und seine Verallgemeinerung, in: W. Weber u. H. Neiss (Hrsg.), Konjunktur- und Beschäftigungstheorie, Köln, Berlin 1967, S. 191 f.
[81] R. C. O. Matthews, ebenda, S. 199 ff.

3. Wirtschaftliche Lage und Entwicklung in Deutschland, Japan und den USA

3.1 Vergleich der natürlichen Gegebenheiten

Bei einem Vergleich der natürlichen Gegebenheiten der drei Länder fällt zunächst die außerordentlich gute Ausgangsbasis der amerikanischen Wirtschaft auf. Sowohl hinsichtlich der Ausstattung des Landes mit Siedlungsgebiet und landwirtschaftlicher Nutzfläche als auch hinsichtlich der Ausstattung mit industriellen Rohstoffen konnte man in den dreißiger Jahren von einer eindeutigen Überlegenheit der USA ausgehen.

3.1.1 Bevölkerung und Staatsgebiet

So erstreckte sich das amerikanische Staatsgebiet über ein Gebiet von 7,7 Mio qkm, von denen 95,7 % nutzbar waren, knapp 90 % standen für landwirtschaftliche Nutzung zur Verfügung[82]. Das vorwiegend gemäßigte Klima ermöglichte gute Ernten. Der Nahrungsmittelversorgung der Bevölkerung diente auch agrarisch nicht nutzbares Gebiet, wie die westlichen Prärien mit ihren bedeutenden Viehzuchtgebieten.

Im krassen Gegensatz hierzu umschloß das japanische Stammland[83] 1935 nur 382 000 qkm. Da der größte Teil des Landes von unzugänglichen Gebirgen durchzogen wird, war nur rund ein Viertel des Landes für Siedlung, Industrie und Landwirtschaft nutzbar[84]. Dieser Nachteil wurde teilweise durch das günstige Klima ausgeglichen; im feuchtwarmen Süden des Landes waren zwei jährliche Ernten möglich, aber auch in den übrigen Gebieten wurden reiche Ernten erzielt., Von großer Bedeutung für die Nahrungsmittelversorgung war auch der Fischreichtum der japanischen Gewässer. Viehhaltung war in Japan von geringer Bedeutung.

Größenmäßig mit Japan vergleichbar war etwa das Reichsgebiet Deutschlands von 1935, das sich über 470 000 qkm (einschl. Saarland)

---

[82] Art. „Vereinigte Staaten von Amerika" (W. S. Woytinsky, E. S. Woytinsky), Handwörterbuch der Sozialwissenschaften, Bd. 11, 1961, S. 17 f.
[83] Dieses Gebiet wird im folgenden als „Japan" bezeichnet. Es umfaßt die Inseln Hondo, Hokkaido, Kiushu, Shikoku.
[84] K. Hax, Japan. Wirtschaftsmacht des fernen Osten. Ein Beitrag zur Analyse des wirtschaftlichen Wachstums. Köln und Opladen 1961, S. 69 ff.

3.1 Vergleich der natürlichen Gegebenheiten

erstreckte. Die landwirtschaftliche Nutzfläche betrug rund 60 % des Gebiets, nämlich 285 000 qkm[85]. Die wegen hoher Niederschläge für den Ackerbau nicht nutzbaren Gebiete wurden durch Viehzucht genutzt. Binnen- und Küstenfischerei waren vor dem Zweiten Weltkrieg bedeutend für die Versorgung der Bevölkerung.

Diese Angaben werden jedoch erst aussagekräftig, wenn sie in Relation zur Bevölkerung des Gebietes gesetzt werden. Die Bevölkerung Deutschlands im Jahre 1935 wird mit 66.3 Mio. Einwohnern angegeben, die Japans im selben Jahr mit 69,2 Mio, die der USA mit 127,7 Mio Menschen[86].

Daraus läßt sich die Bevölkerungsdichte der betrachteten Länder sowie die Zahl der Menschen, für die im Jahre 1935 jeweils ein Quadratkilometer landwirtschaftliche Nutzfläche zur Verfügung stand, ermitteln:

Land	Einwohner je Quadratkilometer	Einwohner je qkm landwi. Nutzfläche
USA	18,8	18,4
Deutsches Reich	141,0	232,6
Japan	181,0	1 079,0

Diese Gegenüberstellung zeigt starke Unterschiede in der Ausstattung mit nutzbarem Land, wobei festzustellen ist, daß Japan hinsichtlich der landwirtschaftlichen Nutzfläche eindeutig am ungünstigsten abschnitt.

Die Bedeutung dieser Feststellung läßt sich ermessen, wenn man die Bevölkerungsentwicklung und die daraus resultierende Bedarfssteigerung für Nahrungsmittel in den betrachteten Ländern mitberücksichtigt.

3.1.2 Bevölkerungsentwicklung und Steigerung der landwirtschaftlichen Nutzfläche

Vergleichbar hinsichtlich der Größe der Bevölkerung sind Japan und Deutschland, während die USA bedeutend höhere Bevölkerungsziffern aufweisen.

---

[85] W. G. Hoffmann, Das Wachstum der deutschen Wirtschaft seit der Mitte des 19. Jahrhunderts, Berlin, Heidelberg, New York 1965, im folgenden zitiert als „Wachstum", S. 268, Tab. 46, Zahlenangabe für 1938.
[86] Die Zahlen für Deutschland — ebenfalls einschl. Saarland — wurden entnommen bei W. G. Hoffmann, Wachstum, S. 174, Tab. 1; für Japan bei K. Hax, S. 465, Tab. 40; für USA bei S. Kuznets. Capital in the American Economy, Its Formation and Financing, Princeton 1961, S. 619, Tab. R 36.

3. Wirtschaftliche Lage in Deutschland, Japan und USA

Tabelle 1

Bevölkerungsentwicklung

	1930	1935	1938
Deutschland	65 048	66 871	68 558
Japan	63 873	69 254	72 222
Vereinigte Staaten	123 300	127 740	129 969

Quelle: Für Deutschland W. G. *Hoffmann,* Wachstum, S. 174, Tab. 1; für Japan I. *Asahi,* S. 194, Tab. 79 u. K. *Hax,* S. 94, Tab. 32; für die USA S. *Kuznets,* Capital in the American Economy, Its Formation and Financing, Princeton 1961, S. 619, Tab. R 36 und D. *Bogue* and W. H. *Gabrill,* The Population of the United States, Glencoe, 1959, S. 12, Tab. 1—9.

Die Bevölkerung wuchs mithin in Deutschland und den USA vergleichbar stark an (5,3 bzw. 5,4 %). Das durchschnittliche jährliche Wachstum war geringer als 0,7 Prozent. Etwa doppelt so hoch war das Bevölkerungswachstum in Japan mit 11,3 Prozent im selben Zeitraum oder einem durchschnittlichen jährlichen Wachstum von 1,4 Prozent.

In den USA und Deutschland trat durch den Rückgang der Geburtenrate eine Änderung in der altersmäßigen Zusammensetzung der Bevölkerung ein, während die Altersgliederung Japans unverändert blieb.

Tabelle 2

Altersmäßige Zusammensetzung der Bevölkerung
(in Prozent)

	1930a)			1940a)		
Land	unter 14 J.b)	14—65 J.	über 65 J.	unter 14 J.b)	14—65 J.	über 65 J.
USA	29,3	65,2	5,4	25,0	68,1	6,8
Deutschland	23,0	69,2	7,0	21,6	70,2	7,8
Japan	36,5	58,6	4,8	36,5	58,6	4,8

a) Für Deutschland Berechnungsjahre 1933 und 1939.
b) USA: 14jährige eingeschlossen.
Quelle: D. J. *Bogue* and W. H. *Gabrill,* S. 96, Tab. 6. 1, K. *Hax,* S. 94, Tab. 32 und W. G. *Hoffmann,* Wachstum, S. 177, Tab. 5.

Der hohe Anteil der jugendlichen Bevölkerung und der vergleichsweise geringe Anteil alter Menschen an der Gesamtbevölkerung Japans zeigen, daß die im Industrialisierungsprozeß erfolgende Abnahme von Geburten- und Sterberate noch nicht voll zur Wirkung gekommen war.

Erst gegen Ende der dreißiger Jahre begann man in städtischen Gebieten, Familienplanung einzuführen[87].

Gleichzeitig mit der hohen Bevölkerungszunahme erfolgte in Japan ein starkes Anwachsen der städtischen Bevölkerung. Während 1935 noch 67,3 % der Bevölkerung auf dem Lande lebten, waren es 1940 nur noch 62 %[88]. Besonders stark wuchsen die Großstädte mit mehr als 100 000 Einwohnern. In der Mitte der dreißiger Jahre lebten fast 30 % der Japaner bereits in den sechs größten Städten des Landes[89]. Dennoch war die Mobilität der japanischen Bevölkerung gering. Nach Angaben von Lockwood wohnten 1930 noch 63 % der Bevölkerung in der Kommune, in der sie geboren waren, 21 % hatten den Wohnsitz innerhalb derselben Präfektur gewechselt. Auch internationale Wanderungsbewegungen spielten nur eine geringe Rolle; 1936 lebten 2,6 Mio Japaner im Ausland, davon 62 % in den japanischen Kolonien, einschließlich der Mandschurei und Kwantung[90].

Aus dem Bevölkerungswachstum ergibt sich, daß in allen drei Ländern mit der Steigerung des Lebensmittelbedarfs gerechnet werden mußte, insbesondere in Japan, wobei besonders in diesem Land außerdem das Siedlungsproblem verschärft wurde.

Eine Produktionssteigerung ist jedoch nur durch Kultivierung von zusätzlichem Land oder durch intensivere Nutzung des Bodens erzielbar. Es ist schwer nachprüfbar, ob in den dreißiger Jahren mit den damals vorhandenen Hilfsmitteln durch Intensivierung der Bodennutzung eine Ertragssteigerung möglich gewesen wäre. Ob eine Erhöhung der landwirtschaftlichen Produktion durch Bestellung noch nicht genutzter, aber nutzbarer Gebiete möglich gewesen wäre, läßt sich durch Gegenüberstellung der genutzten und der nutzbaren Fläche ermitteln.

Asahi[91] gibt an, daß im Jahre 1938 in Japan 16 % des Gesamtgebiets durch Ackerbau genutzt wurden, in Deutschland 44 % und in den Vereinigten Staaten von Amerika 15 %.

Vergleicht man diese Angaben mit den Angaben über die landwirtschaftlich nutzbare Fläche, so stellt man fest, daß in Japan kaum eine Steigerung der landwirtschaftlichen Erzeugung durch Bestellung zusätzlichen Bodens möglich gewesen wäre. Auch im Deutschen

---

[87] W. W. *Lockwood*, The Economic Development of Japan. Growth and Structural Change 1868—1938, Princeton 1954, S. 144.
[88] K. *Hax*, S. 102, Tab. 37. Als Städte zählen Orte mit mehr als 10 000 Einwohnern. Nach Angaben des The Japan Year Book, S. 50, lebten nur etwa 6 % der Bevölkerung in Orten unter 2000 Einwohnern.
[89] The Japan Year Book, S. 50.
[90] Berechnet nach Angaben von W. W. *Lockwood*, S. 157 Fn.
[91] I. *Asahi*, The Economic Strength of Japan, Tokyo 1939, S. 199, Tab. 82.

Reich konnte keine wesentliche Produktionsteigerung durch Extensivierung, sondern höchstens durch Bebauung von bisher anders genutztem Land mehr erreicht werden, was in den Vereinigten Staaten von Amerika jedoch ohne Produktionsverluste bei anderen Erzeugnissen möglich gewesen wäre [92].

3.1.3 Rohstofflage

Der relative Rohstoffreichtum der Länder läßt sich durch Gegenüberstellung der Bodenschätze ermitteln. In diesem Zusammenhang sollen zunächst nur die physischen Vorkommen an Rohstoffen verglichen werden. Der Tatsache, daß der relative Reichtum an Faktoren sehr wesentlich vom Grade der wirtschaftlichen Entwicklung und damit verbunden von dem Rohstoffbedarf der Wirtschaft abhängt, wird in einem späteren Kapitel Rechnung getragen.

Auch hinsichtlich der Ausstattung mit Bodenschätzen kann man von einer relativen Überlegenheit der Vereinigten Staaten und einer Benachteiligung Deutschlands und Japans ausgehen. Das zeigt sich schon bei einer Betrachtung der Energierohstoffe wie Kohle und Erdöl:

Die Steinkohlevorkommen der USA wurden auf 22 % (1,008 Mrd. t) der Weltvorkommen geschätzt. Auch Deutschland verfügte über beachtliche Steinkohlevorkommen in Höhe von rund 10 % der Weltvorkommen (476 Mrd. t), daneben außerdem über reiche Braunkohlelager. Die Kohlevorkommen Japans werden von Tsuru mit rund 2,8 % der Weltvorkommen (16,7 Mrd. t) angegeben, wobei es sich jedoch um Kohle schlechterer Qualität als bei der deutschen Kohle handelte [93].

Ebenfalls reiche Vorkommen an Erdöl kennzeichneten die Position der USA auf dem Weltenergiemarkt. So stammten 1938 60 % der Weltförderung dieses Produkts aus den USA [94]. Zwar rechnete man bereits in den dreißiger Jahren mit einer abnehmenden Bedeutung des Lan-

---

[92] In Deutschland diente die verbleibende landwirtschaftliche Nutzfläche insbesondere als Weideland sowie dem Obstanbau. Vgl. *W. G. Hoffmann*, Wachstum, S. 269, Tab. 47. In Japan mußte die verbleibende nutzbare Fläche als Siedlungs- und Industrieland genutzt werden. Im Zeitraum 1935—1939 konnte die landwirtschaftliche Nutzfläche nur um 1,3 % gegenüber 1930—34 gesteigert werden. Vgl. *K. Hax*, S. 69 und S. 86, Tab. 2. In den USA sind nach Angaben Faulkners 40 % durch Ackerbau genutzt worden. Vgl. *H. U. Faulkner*, Geschichte der amerikanischen Wirtschaft, Düsseldorf 1957, S. 19.
[93] Schätzungen für Deutschland und USA s. *W. Straub*, Grundriß einer Allgemeinen Wirtschafts- und Handelsgeographie, Basel 1951, S. 91, jedoch ohne Angabe des Erstellungszeitpunkts der Montanstatistik, aus der diese Werte entnommen wurden. Als sicher nachgewiesen galten für Deutschland 1938 80,5 Mrd. t Steinkohle und 57,4 Mrd. t Braunkohle. Siehe Statistisches Jahrbuch für das Deutsche Reich 1938, 57. Jahrgang, Berlin 1938. Für Japan vgl. Art. „Japan" (S. Tsuru), Handwörterbuch der Sozialwissenschaften, 5. Bd., 1956, S. 413, ebenfalls ohne Angabe des Schätzungszeitpunktes.
[94] *W. Pahl*, Weltkampf um Rohstoffe, Leipzig 1939, S. 14. Pahl schätzte den Anteil Deutschlands an den Weltvorräten auf nur 2,4 %.

3.1 Vergleich der natürlichen Gegebenheiten

des als Erdölproduzent, jedoch kann die Lage insgesamt als bedeutend besser als die Deutschlands und Japans bezeichnet werden, die beide nur über sehr geringe Vorkommen verfügten, welche bei weitem nicht dem Bedarf entsprachen. Auch wurden in den USA in den dreißiger Jahren immer neue Erdgasvorkommen ermittelt, so daß sich der relative Vorsprung der USA in der Ausstattung mit Energierohstoffen weiter vergrößerte.

Die relative Benachteiligung Japans hinsichtlich der Vorkommen industrieller Rohstoffe ist noch größer:

Eisenhaltige Erze wurden in Nord-Honshu und Hokkaido abgebaut, die Vorkommen waren jedoch sehr gering (0,25 Mrd. t entsprechend 0,4 % der Weltvorkommen). Darüber hinaus muß beachtet werden, daß infolge geologischer Gegebenheiten der Abbau der Erze in Japan mit großen Schwierigkeiten verbunden war. Auch Deutschland verfügte nur über relativ geringe Eisenerzvorkommen (2,1 % der Weltvorkommen, ca. 1,3 Mrd. t), die zwar von besserer Qualität waren als die japanischen, jedoch ebenfalls nur einen geringen Eisengehalt aufwiesen. Die Eisenerzbestände der USA wurden hingegen auf 17,3 % der Weltbestände geschätzt (10,5 Mrd. t) mit einem hohen Eisengehalt[95].

Deutschland und die USA verfügten ferner über relativ reiche Blei- und Zinkvorkommen. Außer noch zu erwähnenden erheblichen Magnesit-, Stein- und Kalisalzvorkommen besaß Deutschland keine weiteren nennenswerten Rohstoffquellen, insbesondere fehlten Zinn sowie Bauxit für die Aluminiumproduktion.

Die Ausstattung Japans mit Nichteisen-Metallen war besser als bei den Eisenerzen, jedoch ebenfalls nicht ausreichend für den Bedarf, was später noch gezeigt werden wird. Die Schwefelkiesvorkommen waren hingegen die zweitreichsten der Welt[96].

Die USA verfügten außer über die genannten Bodenschätze über nahezu alle übrigen erforderlichen Rohstoffe, insbesondere auch über die reichsten Gold-, Silber- und Kupferlagerstätten[97].

Geht man von diesen Gegebenheiten aus, so läßt sich zusammenfassend feststellen, daß die Vereinigten Staaten von Amerika gegenüber Deutschland und Japan über einen relativen Reichtum an natürlichen Ressourcen verfügten. Es scheint aber auch offensichtlich, daß Japan eine noch ungünstigere Position hinsichtlich der Rohstoffausstattung aufweist als Deutschland, was aus der Gegenüberstellung von Produktion und Bedarf deutlich werden wird.

---

[95] W. *Straub*, S. 91 und 89.
[96] K. *Hax*, S. 79 f.
[97] W. *Straub*, S. 97 ff.

3. Wirtschaftliche Lage in Deutschland, Japan und USA

3.2 Kennzahlen ökonomischer Aktivität

3.2.1 Volkseinkommen und Beschäftigung

Ausgangspunkt für die genauere Ermittlung des Entwicklungsniveaus in den untersuchten Ländern ist die Ermittlung des Volkseinkommens.

In Abhängigkeit vom Untersuchungsziel ist es zweckmäßig, verschiedene Einkommensbegriffe zu unterscheiden. Für die Beurteilung der Entwicklung der wirtschaftlichen Leistungsfähigkeit einer Wirtschaft empfiehlt es sich, die Entwicklung des Nettosozialprodukts zu Faktorkosten (Volkseinkommen) zu untersuchen, da dieses nur die Wertschöpfung, die durch die Leistung der Produktionsfaktoren entsteht, wiedergibt.

Die Entwicklung von Volkseinkommen und Beschäftigung in Deutschland

Aktive Beschäftigungspolitik, eingeleitet bereits durch die Regierung von Papen und fortgesetzt durch die Schacht'sche Wirtschaftspolitik, führte nach der Machtübernahme durch den Nationalsozialismus zu einer Wiederbelebung der deutschen Wirtschaft. Seit den Krisenjahren 1932/33 stieg das Volkseinkommen wieder kräftig, wenn es auch erst 1937/38 den Wert des Jahres 1929 erreichte.

Tabelle 3

Entwicklung des Volkseinkommens in Deutschland

	1936	1937	1938	1939
		Mrd. RM		
Volkseinkommen, laufende Preise[a)]	65,8	73,8	82,1	89,7
Volkseinkommen, laufende Preise[b)]	69,9	79,1	87,6	
Volkseinkommen, Preise von 1913[b)]	59,5	63,1	67,9	
			RM	
Volkseinkommen pro Kopf, laufende Preise	1038	1166	1278	
Volkseinkommen pro Kopf, Preise von 1913[b)]	838	930	991	

a) Die Angaben entstammen der offiziellen Statistik.
b) Die Angaben beziehen sich auf die nachträglichen Berechnungen von W. G. Hoffmann.
Quelle: Statistisches Jahrbuch für das Deutsche Reich, Hrsg. Statistisches Reichsamt, 1941—1942, S. 604, Statistisches Handbuch von Deutschland, Hrsg. Länderrat des Amerikanischen Besatzungsgebiets, München 1949, S. 600, und W. G. *Hoffmann*, Wachstum, S. 455, Tab. 103, S. 509, Tab. 122 und S. 174, Tab. 1.

Im Zusammenhang mit der Weltwirtschaftskrise kam es zu einem starken Preisverfall, der erst in der Mitte der dreißiger Jahre durch allmähliche Preissteigerungen rückgängig gemacht wurde. Um den Einfluß dieser Preisniveauänderungen auszuschalten, ist es sinnvoll, die Wertschöpfung mit konstanten Preisen zu bewerten. Entsprechend den Berechnungen von Hoffmann wurde dann bereits 1935 die reale Wertschöpfung des Jahres 1929 erreicht. Berechnet man aus diesen Angaben die Wachstumsrate, so zeigt sich, daß das reale Volkseinkommen jährlich um etwa sechs Prozent stieg, die Steigerungsrate für das Volkseinkommen je Kopf der Bevölkerung lag geringfügig unter diesem Wert, bei etwa fünf Prozent.

Die ermittelte Wachstumsrate des realen Nettosozialprodukts zu Faktorkosten ist jedoch mindestens teilweise auf die Wiedereingliederung von Arbeitslosen in den Produktionsprozeß zurückzuführen. Erst im Jahre 1937 liegt der Index der Beschäftigten über dem des Jahres 1929, dem letzten Jahr der Normalbeschäftigung vor der Wirtschaftskrise. Danach steigt der Beschäftigtenindex deutlich an, und zwar von 97,2 % im Jahre 1936 (Beschäftigte 1929 = 100 %) auf 116 % im Juli 1939[98]. Dem entsprach ein Absinken der Arbeitslosigkeit von 8,3 % 1936 auf 2,1 % im Jahre 1938[99].

Gleichzeitig stieg die Zahl der geleisteten Arbeitsstunden um durchschnittlich 4 %[100], so daß auch ein erheblicher Teil der Einkommenssteigerung darauf zurückzuführen ist.

Betrachtet man diese Entwicklung der Beschäftigung, so muß man feststellen, daß das Wachstum des Volkseinkommens offensichtlich wesentlich auf die Steigerung des Arbeitseinsatzes zurückzuführen ist. Inwiefern dadurch tatsächlich eine Besserversorgung der Bevölkerung erzielt wurde, wird später noch untersucht.

Die Entwicklung des Volkseinkommens in den USA

In den Vereinigten Staaten von Amerika hatte sich die wirtschaftliche Lage gegenüber den Jahren der Weltwirtschaftskrise wieder gebessert, den Stand des Jahres 1929 jedoch noch nicht wieder erreicht. Die Wirtschaft war noch immer sehr krisenanfällig. Das zeigte sich, als Ende 1937 die Ausgaben der Public Works Administration zugunsten einer deflatorischen Wirtschaftspolitik gestoppt wurden. Die Wirtschaft reagierte darauf sogleich mit erheblicher Produktionseinschränkung, erst

---

[98] International Labour Review, The International Labour Office, Vol. 43; No. 6, London 1941, S. 735.
[99] Ebenda, S. 732.
[100] Arbeitszeitstatistik für die einzelnen Industriebereiche vgl. *W. G. Hoffmann*, Wachstum, S. 214, getrennt nach Konsum- und Investitionsgüterindustrie. Vgl. *B. H. Klein*, Germany's Economic Preparations for War, Cambridge, Mass. 2nd Printing, 1968, S. 138, Tab. 41.

3. Wirtschaftliche Lage in Deutschland, Japan und USA

eine erneute Lockerung der staatlichen Ausgabenpolitik führte seit Ende 1938 wieder zu einer Wirtschaftsbelebung[101].

Tabelle 4

Entwicklung des Volkseinkommens in den USA

	1936	1937	1938	1939
	Mrd. $			
Volkseinkommen, laufende Preise a)	64,9	73,6	67,6	72,8
Volkseinkommen, laufende Preise b)	62,9	70,5	65,5	72,4
Volkseinkommen, Preise von 1929 b)	77,8	84,0	80,7	90,1
	$			
Volkseinkommen pro Kopf, laufende Preise b)	491	547	505	556
Volkseinkommen pro Kopf, Preise von 1929 b)	608	645	621	688

a) offizielle Statistik.
b) Nachträgliche Berechnungen von Kuznets.
Quelle: Historical Statistics of the United States, Colonial Times to 1957. A Statistical Abstract Supplement. Prep. by the Bureau of the Census with the Cooperation of the Social Science Research Council. U.S. Department of Commerce, Bureau of the Census, 1961, S. 139, F 6—9. S. *Kuznets*, National Product Since 1869, National Bureau of Economic Research, New York, 1946, S. 55 f., Volkseinkommen berechnet nach dem „Peacetime Concept". Berechnung des Volkseinkommens je Kopf gem. Angaben über die Bevölkerungsentwicklung, Historical Statistics, S. 7 A 1—16.

Dabei schwankte die Zahl der Beschäftigten erheblich, so daß zwar davon ausgegangen werden kann, daß eine Verbesserung des Pro-Kopf-Einkommens eingetreten ist. Gleichzeitig darf jedoch nicht die hohe Zahl der Arbeitslosen vernachlässigt werden, die sich auch weiterhin mit einem Existenzminimum begnügen mußte. 1939 gab es noch rund 10 Millionen Arbeitslose, d. h., es waren noch etwa 17 % der Arbeitswilligen ohne Beschäftigung[102]. Der Beschäftigtenindex lag 1939 noch um 5,4 % unter dem Niveau des Jahres 1929. Die Schwankungen von Arbeitslosenquote und Beschäftigtenindex lassen sich aus der folgenden Tabelle ablesen, die zeigt, wie wenig es in den USA bis 1939 gelungen war, die wirtschaftliche Entwicklung zu stabilisieren. Wie groß der Pessimismus hinsichtlich der weiteren wirtschaftlichen Entwicklung war, geht daraus hervor, daß man noch 1939 mit einer ständigen Arbeitslosenzahl von 5—6 Millionen rechnete[103].

---

[101] Vgl. dazu W. F. *Walter*, S. 429.
[102] Beschäftigtenstatistik s. auch Historical Statistics, S. 70, D 1—12.
[103] W. F. *Walter*, S. 421.

3.2 Kennzahlen ökonomischer Aktivität

Tabelle 5

Beschäftigungsschwankungen in den USA 1936—1939

	1936	1937	1938	1939
Arbeitslosenquote	16,9	14,3	19,0	17,2
Beschäftigtenindex (1929 = 100)	93,4	97,3	91,0	94,6

Quelle: W. S. *Woytinsky* and Ass., Employment and Wages in the United States, New York, S. 392, Tab. 169, und International Labour Review, Tab. 1, S. 737. Die Angaben der American Federation of Labour liegen 1—2 % über, die des National Industrial Conference Board 1—2 % unter diesen Werten.

Die Entwicklung des Einkommens in Japan

Japans wirtschaftliche Entwicklung in den dreißiger Jahren ist gekennzeichnet von der verstärkten Industrialisierung des Landes, die eng mit der Ausdehnung seines Außenhandels verknüpft ist. Vergleichsweise gering waren die Anstrengungen, die das Land unternehmen mußte, um mit der Weltwirtschaftskrise verbundene Produktionsrückgänge aufzufangen. Zwar war auch in Japan der Index der Industrieproduktion von 1929 = 100 auf 1931 = 95 (USA = 83), 1932 = 92 (USA = 68) gefallen[104], jedoch lag der Index des realen Sozialprodukts 1932 breits über dem des Jahres 1929[105].

Die durch die Weltwirtschaftskrise entstandenen Schäden kamen in Japan vor allem in einem starken Preisverfall für industrielle Produkte zum Ausdruck. Gleichzeitig erreichten auch die Preise für agrarische Produkte infolge ausgezeichneter Ernten in den Jahren 1927—1931 ein ruinöses Niveau[106].

Finanzminister Takahashi gelang es, durch Beendigung der Deflationspolitik seines Vorgängers Inouye die Wirtschaft neu zu beleben. Nutznießer der Erhöhung der Staatsausgaben waren weitgehend Armee und Marine. 1936 traten die ersten Interessenkonflikte zwischen Wirtschaftswachstum und militärischer Rüstung auf, die zugunsten der Rüstung entschieden wurden. Produktionsengpässe führten zu Preissteigerungen. 1936/37 wurde das Preisniveau von 1929 wieder erreicht, nach 1937 verstärkte sich die inflationäre Tendenz[107].

---
[104] G. C. *Allen,* Japan's Economic Expansion. London, New York, Toronto 1965, S. 2.
[105] L. *Klein,* K. *Ohkawa* (Eds.), Economic Growth. The Japanese Experience Since the Meiji Era. Proceedings of the Conference of the Japan Economic Research Center, Homewood, Ill., Nobleton, Ont. 1968, S. 180, Tab. 6—9.
[106] W. W. *Lockwood,* S. 57.
[107] Entwicklung des Durchschnittspreisniveaus für einzelne Industriegruppen s. L. *Klein* and K. *Ohkawa,* S. 103, Tab. 3 A—2.

3. Wirtschaftliche Lage in Deutschland, Japan und USA

Tabelle 6

Monetäres und reales Volkseinkommen in Japan

	1936	1937	1938	1939
		Mrd. Yen		
Volkseinkommen, laufende Preise	15,5	18,6	19,9	25,3
Volkseinkommen, Preise von 1934—36	14,8	16,2	15,9	16,8
		Yen		
Volkseinkommen pro Kopf, laufende Preise	221	261	276	349
Volkseinkommen pro Kopf, konstante Preise	210	227	220	231

Quellen: Die Angaben über das monetäre und reale Volkseinkommen entstammen nachträglichen Berechnungen des Economic Stabilization Board, zit. bei *K. Ohkawa et al.* The Growth Rate of the Japanese Economy Since 1878, Tokyo 1957, S. 232, 234. Volkseinkommen pro Kopf berechnet nach Angaben über die Bevölkerungsentwicklung von *I. Asahi,* The Economic Strength of Japan, Tokyo 1939, S. 194, Tab. 79, Bevölkerungsgröße für 1939 geschätzt.

Auch in Japan trat 1938 eine gewisse Stagnation in der Entwicklung des Einkommens ein, dennoch ergibt sich für den Zeitraum 1936 bis 1939 ein Anstieg des Volkseinkommens um 13 %, während das reale Pro-Kopf-Einkommen um 10 % stieg.

Gleichzeitig sank die Arbeitslosenquote von 4,3 % 1936 auf weniger als 3 %, während der Beschäftigtenindex anstieg[108].

Vergleich

Zusammenfassend läßt sich feststellen, daß in allen drei Ländern die Steigerung des Volkseinkommens höher war als die der Bevölkerung, woraus sich eine Verbesserung des Pro-Kopf-Einkommens in den beobachteten Jahren ergab.

Verbunden war diese Steigerung mit einer besseren Ausnutzung der Produktionsmöglichkeiten durch Beseitigung der Arbeitslosigkeit. Insofern kann nicht von echtem Wachstum, sondern nur von einer Wiedergewinnung des früheren Produktionsniveaus gesprochen werden.

In den USA war die Steigerung des realen Volkseinkommens so gering, daß erst 1939 das Versorgungsniveau des Jahres 1929 wieder erreicht wurde. Ein echtes Wachstum des realen Volkseinkommens ist nur

---

[108] Vgl. International Labour Review, S. 733 und 735. Der Beschäftigtenindex wird dort nur für den industriellen Bereich angegeben und ist deshalb nicht mit den Angaben für Deutschland und die USA vergleichbar. Vermutlich war auch infolge von verschleierter Arbeitslosigkeit in der Landwirtschaft die tatsächliche Arbeitslosenquote höher.

in Japan und Deutschland eingetreten, insgesamt für den Zeitraum 1929 bis 1939 in Höhe von 82 % in Japan und in Höhe von 47 % in Deutschland[109].

Ein Vergleich der Pro-Kopf-Einkommen der drei Länder ist wenig aussagekräftig, wenn man nicht die Unterschiede in der Kaufkraft, der Nachfragestruktur und den unterschiedlichen Lebensgewohnheiten berücksichtigt. Darüber hinaus besteht die Schwierigkeit, einen Umrechnungskurs für Yen und Reichsmark zu finden, da zwar offizielle Wechselkurse im Verhältnis zum Dollar festgelegt waren, diese jedoch nicht mit den tatsächlichen Austauschrelationen übereinstimmten, sondern nur durch ein System von bilateralen Verträgen abgesichert werden konnten. Woytinsky nimmt deswegen eine Umrechnung auf Grund des niedrigsten inoffiziellen oder offiziellen Wechselkurses vor und berechnet auf dieser Grundlage die Pro-Kopf-Einkommen für das Jahr 1938[110]:

USA	519 $	Japan	86 $
Deutschland	335 $		

Diese Werte lassen erhebliche Unterschiede im Hinblick auf das erreichte Wachstumsniveau erwarten. Diese These muß jedoch im folgenden noch weiter überprüft werden.

3.2.2 Die sektorale Gliederung der Volkswirtschaften

Die Untersuchungen der sektoralen Gliederung der Volkswirtschaften lassen, wie oben bereits im einzelnen ausgeführt, erkennen, wieweit der Prozeß der Industrialisierung bereits fortgeschritten ist. Einerseits hängt es davon ab, ob die Entscheidung Massenkonsum oder Erhöhung des Staatsanteils am Sozialprodukt getroffen werden kann, andererseits ist mit dem Strukturwandel ein gesellschaftlicher Wandel verbunden, der sich sowohl auf die soziale Schichtung als auch auf die Anforderung an berufliche und räumliche Mobilität auswirkt. Hierin kann eine Quelle sozialer Unruhen liegen.

Bei Untersuchung dieses Problemkreises empfiehlt es sich, Daten über einen längeren Zeitraum zu beobachten, da konjunkturelle Schwankungen die verschiedenen Sektoren der Wirtschaft unter-

---

[109] Berechnet nach Angaben von *K. Ohkawa*, The Growth Rate, S. 248, und *B. Gleitze*, Hrsg., Wirtschafts- und Sozialstatistisches Handbuch, Köln 1960, S. 148.
[110] *W. S. Woytinsky* und *E. S. Woytinsky*, World Population and Production. Trends and Outlook, New York 1953, S. 389, Tab. 185.

schiedlich stark treffen. Am geringsten sind die Auswirkungen in den Bereichen, die lebensnotwendige Güter herstellen, also insbesondere in der Landwirtschaft. Am stärksten wird meist die Industrieproduktion eingeschränkt, aber auch im Dienstleistungsbereich geht die Beschäftigung zurück. Der Vergleich von Angaben für den Zeitraum 1936—1939 könnte deswegen zu falschen Ergebnissen führen.

3.2.2.1 Die Beschäftigtenstruktur

Änderung der Beschäftigtenstruktur in Deutschland

Gegenüber den Krisenjahren änderte sich in Deutschland die Beschäftigtenstruktur wieder stark zugunsten des industriellen Bereichs. Teilweise ist diese Entwicklung durch die Wiedereingliederung von arbeitslosen Industriearbeitern ermöglicht worden. Gleichzeitig erfolgte jedoch auch weiterhin eine Abwanderung von Arbeitskräften aus dem landwirtschaftlichen Bereich in die Industrie, obgleich dieser Tendenz durch Erbhofgesetzgebung und ideologische Stärkung des Bauerntums entgegengewirkt wurde. Im tertiären Bereich änderte sich die Beschäftigtenstruktur zugunsten des Militärs, was jedoch nicht aus der folgenden Statistik hervorgeht[111].

Tabelle 7

Die Beschäftigten nach Wirtschaftsbereichen in Deutschland

(in Prozent)

	Primärer Sektor	Sekundärer Sektor	Tertiärer Sektor
1925	31,5	40,1	28,4
1936	31,7	34,9	33,6
1938	27,6	44,0	28,3

Quelle: W. G. Hoffmann, Wachstum, S. 35, Tab. 7 und S. 206, Tab. 20.

Beschäftigungsstruktur der Vereinigten Staaten

In den USA sank im Zeitraum 1936—1939 die Zahl der in der Landwirtschaft Beschäftigten nur so geringfügig, daß kaum von einer Än-

---

[111] Vgl. dazu aber W. G. Hoffmann, Wachstum, S. 206, Tab. 20. Die dortigen Angaben für 1939 sind nicht vergleichbar, da die Statistik Österreich nicht gesondert ausweist.

3.2 Kennzahlen ökonomischer Aktivität 47

derung in der Beschäftigtenstruktur ausgegangen werden kann, obgleich sich die Beschäftigung prozentual zugunsten der nichtlandwirtschaftlichen Bereiche änderte[112].

1940 waren in den USA noch 18,5 % (1930 = 21,9 %) der Beschäftigten in der Landwirtschaft, 31,8 % (1930 = 30,9 %) im industriellen Bereich und 49,8 % (1930 = 47,3 %) der Beschäftigten im tertiären Sektor[113].

Wandel der Beschäftigtenstruktur in Japan

Statistische Angaben über die Beschäftigtenstruktur in Japan zeigen die große, jedoch abnehmende Bedeutung des landwirtschaftlichen Bereichs, der 1936 noch fast 47 % der Erwerbstätigen beschäftigte, 1939 noch 45,4 %. Gleichzeitig stieg die Nachfrage der Industrie nach Arbeitskräften erheblich an, die Beschäftigung im tertiären Bereich in geringerem Ausmaß:

Tabelle 8

Die Beschäftigtenstruktur in Japan
(in Prozent)

	Primärer Bereich	Sekundärer Bereich	Tertiärer Bereich
1925	51,7	17,1	30,9
1936	46,9	20,5	32,3
1939	45,4	22,3	32,6

Quelle: Berechnet nach Angaben von K. Ohkawa, The Growth Rate, S. 145, Tab. 2.

Es ist zu vermuten, daß der Strukturwandel stärker war als aus dieser Statistik hervorgeht. Aus anderen Untersuchungen wird deutlich, daß die Zahl der teilweise in der Industrie beschäftigten Landarbeiter und Bauern besonders nach 1930 erheblich anstieg[114].

---

[112] 1936 waren 22,5 % der Beschäftigten in der Landwirtschaft tätig, 1939 21 %. Vgl. dazu Historical Statistics, S. 70 D 1—12.
[113] W. S. Woytinsky and E. S. Woytinsky, World Population, S. 335, Tab. 167 u. S. 356, Tab. 169. Es muß hier auf den Wert von 1940 zurückgegriffen werden, da in den meisten Statistiken nur eine Unterscheidung zwischen landwirtschaftlichem und nichtlandwirtschaftlichem Bereich erfolgt.
[114] Statistische Untersuchungen ergaben, daß 1938 von 5,4 Mio. Farmerfamilien nur 46 % ganz, 30 % hauptsächlich und 24 % nur gelegentlich in der Landwirtschaft beschäftigt waren. Dabei ist außerdem zu berücksichtigen, daß sich die Sozialstruktur der Agrarbevölkerung wandelte, da 1937—1939 ²/₃ der in die Industrie abwandernden Arbeitskräfte Männer waren, so daß 1940 bereits 52 % der landwirtschaftlichen Betriebe von Frauen geführt wurden. Vgl. dazu W. W. Lockwood, S. 467 ,und J. B. Cohen, Japan's Economy in War and Reconstruction, Minneapolis 1949, S. 294.

3. Wirtschaftliche Lage in Deutschland, Japan und USA

Das Entwicklungsniveau der Länder entsprechend der Beschäftigtenstruktur

Der Vergleich der Beschäftigtenstruktur ermöglicht eine deutliche Klassifizierung der untersuchten Volkswirtschaften hinsichtlich ihres Entwicklungsniveaus.

In den USA absorbiert der tertiäre Bereich den größten Prozentsatz der Beschäftigten. Gleichzeitig sinkt der Anteil der in der Landwirtschaft beschäftigten Personen, der bereits die wenigsten Arbeitskräfte beschäftigt, zugunsten von Industrie und Dienstleistungssektor[115].

In Deutschland besitzt die Industrie eine hervorragende Stellung hinsichtlich der Beschäftigtenzahlen. Die Landwirtschaft verliert als Arbeitgeber weiter an Bedeutung, beschäftigt insgesamt jedoch noch fast ebensoviele Arbeitnehmer wie der tertiäre Bereich. Deutschland nimmt mithin in der Einteilung von Fourastié eine mittlere Position ein.

Japan ist im Industrialisierungsprozeß am wenigsten fortgeschritten. Die Landwirtschaft verliert besonders zugunsten des sekundären Bereichs im Zeitraum 1929 bis 1939 stark an Bedeutung, dort ist jedoch erst etwa ein Viertel aller Erwerbstätigen beschäftigt. Größer als der industrielle Bereich ist auch, japanischer Tradition entsprechend, der Dienstleistungsbereich. Japan scheint von einer „Industriegesellschaft" noch weit entfernt zu sein.

3.2.2.2 Die Produktionsstruktur der Länder

Verbunden mit der Beschäftigtenstruktur änderte sich im Untersuchungszeitraum die gütermäßige Zusammensetzung des Volkseinkommens. Diese Änderung war in Japan und Deutschland nicht so sehr durch die Anforderung der privaten Wirtschaft bestimmt, sondern folgte staatlichen Produktionsplänen, die im Zusammenhang mit der Ausdehnung der Kriegswirtschaft standen.

Die Änderung der Produktionsstruktur in Deutschland unter dem Einfluß des 2. Vierjahresplans

Die Steigerung des Volkseinkommens wird in Deutschland begleitet von einer wesentlichen Steigerung des Anteils der Industrie an der gesamten Wertschöpfung und einem geringfügigen Rückgang in den Bereichen Land- und Forstwirtschaft und dem Dienstleistungssektor. Dieser anteilmäßige Rückgang der Produktion im Dienstleistungsbereich ergab sich trotz Steigerung des absoluten Produktionswertes im Zeitraum 1936—1938 um 11 %.

---

[115] Gemäß der Terminologie von Fourastié ist das Land als hochentwickelt zu bezeichnen.

3.2 Kennzahlen ökonomischer Aktivität

Tabelle 9

**Der Beitrag der Wirtschaftsbereiche
zur gesamten Wertschöpfung des Deutschen Reichs
(in Prozent)**

	1936	1937	1938
Landwirtschaft	17,8	15,0	15,0
Bergbau und Industrie	48,8	51,5	52,3
Dienstleistung ohne Verteidigung	33,1	33,2	32,2
Verteidigung	0,21	0,20	0,30

Quelle: Berechnet nach Angaben über die Wertschöpfung der Wirtschaftsbereiche in konstanten Preisen von 1913. W. G. *Hoffmann,* Wachstum, S. 455, Tab. 103.

Die landwirtschaftliche Produktion ging im Jahre 1937 zurück und erreichte auch 1938 noch nicht den hohen Stand des Jahres 1936. Durch die Stabilisierung der Preise und Märkte für Agrarprodukte gelang es zwar, das Einkommen aus landwirtschaftlicher Tätigkeit zu stabilisieren. Die Abwanderung von Arbeitskräften in Bereiche mit steigenden Einkommen zwang jedoch Bauern vereinzelt zu Produktionseinschränkungen. Flurbereinigung, Bodenmeliorationen und Ausbildungsprogramme für Landarbeiter trugen nur wenig dazu bei, die Produktivität in der Landwirtschaft zu steigern[116].

Insgesamt gelang es durch Nachfragelenkung und Produktionsförderung den Selbstversorgungsgrad mit Nahrungsmitteln von 81 % im Jahre 1936 auf 83 % zu erhöhen[117]. Dennoch bestand 1938/39 noch eine erhebliche Fettlücke, auch die Fleisch- und Milchproduktion war von Importen abhängig, da 30 % der Futtermittel importiert werden mußten[118]. Hingegen bestand ein ausreichendes Angebot an Brotgetreide, Kartoffeln und Zucker.

Die Industrie konnte im selben Zeitraum ihre Produktion um 22 % gegenüber 1936 erhöhen[119]. Gleichzeitig mit der Steigerung der Industrieproduktion erfolgte eine Umstrukturierung der Produktion zugunsten der Schwerindustrie. Die hohen Wachstumsraten in diesen Berei-

---

[116] D. *Schoenbaum,* Die braune Revolution. Eine Sozialgeschichte des Dritten Reichs. (Hitler's Social Revolution. Class and Status in Nazi Germany 1933—1939. Übers. von T. Schoenbaum-Holtermann), Köln, Berlin, 1968, S. 201 ff.
[117] H. v. d. *Decken,* H.-J. *Matzdorf,* Europas Ernährungswirtschaft. Halbjahresberichte zur Wirtschaftslage, 17. Jhg. 1942/43, Hrsg. Deutsches Institut für Wirtschaftsforschung, NF Berlin 1943, S. 95.
[118] D. *Petzina,* Autarkiepolitik im Dritten Reich. Der nationalsozialistische Vierjahresplan. Schriftenreihe der Vierteljahreshefte für Zeitgeschichte, Nr. 16, Stuttgart 1968.
[119] Berechnet nach Angaben von W. G. *Hoffmann,* Wachstum, S. 452, Tab. 101.

3. Wirtschaftliche Lage in Deutschland, Japan und USA

Tabelle 10

Die Selbstversorgung mit landwirtschaftlichen Produkten
im Deutschen Reich
(in Prozent)

	1933/34	1938/39
Brotgetreide	99	115
Hülsenfrüchte ohne Linsen	50	71
Kartoffeln	100	100
Gemüse	90	91
Zucker	99	101
Fleisch	98	97
Eier	80	82
Fett	53	57
Nahrungsmittel insgesamt	80	83

Quelle: D. Petzina, Autarkiepolitik im Dritten Reich. Der Nationalsozialistische Vierjahresplan. Schriftenreihe der Vierteljahreshefte für Zeitgeschichte, Nr. 16, Stuttgart 1968. S. 95, Tab. 5.

chen zeigen deutlich, daß erhebliche Wachstumsreserven im Deutschen Reich vorhanden waren[120].

Diese Produktionssteigerung und Umschichtung war Voraussetzung für die Erfüllung der Pläne, die deutsche Wirtschaft bis zum Jahre 1940 kriegsbereit zu machen[121]. Die Notwendigkeit zur Erweiterung der inländischen Produktionskapazitäten erwuchs vor allem aus der schlechten Devisenlage und unzureichender Möglichkeit zur Ausdehnung des Außenhandels, was später noch zu untersuchen sein wird. Arbeitskräftelenkung, Steuerung des Kapitalmarkts und Erhöhung der heimischen Rohstoffproduktion förderten die Investitions- und Rüstungsgüterindustrien.

Trotz intensiver Bemühungen gelang es nicht, den Selbstversorgungsgrad mit industriellen Rohstoffen wesentlich zu erhöhen, obgleich die Gesamtproduktion im Bergbau von 1936 bis 1939 um rund 25 % stieg[122]. Das liegt vor allem daran, daß gleichzeitig die Produktion in

---

[120] Unter Schwerindustrie ist generell der Bereich zu verstehen, der Kapitalgüter herstellt, und somit die Wachstumsmöglichkeiten bestimmt. Dieser Bereich stellte zwar in steigendem Ausmaß Rüstungsgüter her, beschäftigte aber vor allem Spezialarbeiter und stellte hohe Anforderungen an den Kapitalstock und kann deswegen als Kapitalgüterproduktion im Sinne von Hoffmann verstanden werden. Vgl. W. G. Hoffmann, Stadien (1931), S. 20 ff.
[121] Vgl. A. Schweitzer, Der ursprüngliche Vierjahresplan. Jahrbücher für Nationalökonomie und Statistik, Bd. 168, Stuttgart 1957, S. 355.
[122] Berechnet nach Angaben von W. G. Hoffmann, Wachstum, S. 337 und 342 f. Tab. 66. Der Produktionsindex für einzelne Produkte stieg in folgendem Ausmaß (1936 = 100):

3.2 Kennzahlen ökonomischer Aktivität

der metallverarbeitenden Industrie um 69,6 % stieg[123] und auch in anderen Bereichen ein erhöhter Bedarf an industriellen Rohstoffen bestand.

Tabelle 11

Deutschlands Selbstversorgung mit industriellen Rohstoffen (in Prozent des heimischen Bedarfs)

	1936	1938
Eisenerz	18	23
Kupfer	43	41
Zink	70	78
Blei	59	68
Bauxit		10
Kohle		> 100
Mineralöl		40
Kautschuk		5
Stahlveredelungsmetalle	sehr gering	

Quelle: Die Werte wurden nach Angaben des Statistischen Jahrbuchs für das Deutsche Reich 1941/42, S. 66 ff. berechnet. Vgl. auch D. Petzina, S. 99 ff.

Die Produktionsförderung bezog sich jedoch nicht nur auf den Bereich der Schwerindustrie. Energieproduktion und -versorgung mußten verbessert werden, damit eine elastische Anpassung an den steigenden Bedarf möglich war. Von 1936 bis 1939 stieg die Energieproduktion um 46 %[124].

Der Ersatz von Importen durch synthetische Stoffe verlangte eine Produktionsausdehnung in der chemischen Industrie. Der Produktionsindex wurde in den Jahren 1936 bis 1938 um 42 % erhöht. Für 1939 liegen nur noch Angaben für einzelne Güter vor[125].

Erdöl +67 %
Bleierz —3 %
Braunkohle +31 %
Schwefelkies +71 %
Steinkohle +19 %
Eisenerz +94 %
Zinkerz +29 %

Die Produktion von Eisenerz und Zinkerz lag trotzdem noch um 50 bzw. 59 % unter der Produktion von 1913, was auf den Verlust der Fördergebiete in Lothringen und Oberschlesien nach dem 1. Weltkrieg zurückzuführen ist.

[123] Berechnet aus Angaben von W. G. Hoffmann, Wachstum, S. 358, Tab. 69.
[124] Ebenda, Wachstum, S. 392 ff., Tab. 76.
[125] Ebenda, S. 362.

3. Wirtschaftliche Lage in Deutschland, Japan und USA

Der Gesamtindex der Textilindustrie stieg ebenfalls in der Zeit von 1936—1938 um 22 %, der der lederverarbeitenden und Bekleidungsindustrie um 26 %[126].

Verglichen mit den bisher genannten Bereichen ist die Steigerungsrate in der Nahrungs- und Genußmittelindustrie sehr niedrig, sie beträgt insgesamt 12—14 % und ist bei Öl- und Margarineprodukten, Bier und Zucker überdurchschnittlich hoch, und liegt bei Fleischprodukten, Getreide, Süßwaren und Tabak unter dem Durchschnitt[127].

Die geringsten Zuwachsraten weist die Industriegruppe Steine und Erden auf, bei der in den Jahren 1936—1938 der Produktionsindex nur um 5 % stieg[128]. Gemäß dem Vierjahresplan wurde der Bau von privaten Gebäuden beschränkt. Öffentliche Bauten wurden als vorrangig behandelt.

Die Umstrukturierung der japanischen Produktion

Mit der Zunahme der Beschäftigungszahlen in der Industrie stieg auch die industrielle Produktion in Japan erheblich. Einen Eindruck von der japanischen Produktionsstruktur gibt die folgende Statistik:

Tabelle 12

Zusammensetzung des japanischen Volkseinkommens nach Wirtschaftsbereichen
(Mio. Yen, laufende Preise)

	1936	1937	1938	1939
Primärer Bereich	3 262	3 722	4 047	6 116
Sekundärer Bereich	4 823	5 627	6 883	8 729
Tertiärer Bereich	7 437	9 263	9 038	10 492

Quelle: K. Ohkawa, The Growth Rate, S. 236.

1939 wurde bereits mehr als ein Drittel der Wertschöpfung durch die japanische Industrie erzeugt, obgleich dort nur 22 % der Beschäftigten arbeiteten. Die Landwirtschaft trug 1939 mit 24,1 % zur gesamten Wertschöpfung bei, der tertiäre Bereich mit 41,1 %.

Die Wertschöpfung stieg jedoch wegen erheblicher Preissteigerungen[129] weniger stark als diese Statistik erwarten läßt. Das wird aus dem

---

[126] W. G. Hoffmann, Wachstum, S. 370.
[127] Ebenda, S. 384 f., Tab. 74. Die Differenz ergibt sich durch Bereinigung des Produktionsindex mit dem Produktivitätsanstieg im Beobachtungszeitraum.
[128] Ebenda, S. 346, Tab. 67.
[129] Der Großhandelsindex für sämtliche Güter stieg in diesem Zeitraum um fast 60 %. Vgl. dazu: Die wirtschaftlichen Kräfte Japans. Bearb. im Institut für Weltwirtschaft, Teil I und II, Kiel 1940, Teil II, S. 5.

folgenden Produktionsindex für landwirtschaftliche und industrielle Produkte und die öffentlichen Dienstleistungen deutlich:

Tabelle 13

Entwicklung des Produktionsindex in Japan

	1936	1937	1938	1939
Landwirtschaftliche Produkte (1933—1935 = 100)	105	111	107	
Industrielle Produktion (1934—1936 = 100)		130	142	148
Öffentliche Versorgungsbetriebe (1934—1936 = 100)		119	130	137

Quelle: G. C. Allen, Japan's Economic Expansion, London, New York, Toronto 1965, S. 265 f., Tab. 4 und 5.

Nach Berechnungen von Ohkawa war diese Produktionssteigerung mit einer erheblichen Steigerung der Arbeitsproduktivität verbunden[130].

Eine wesentliche Steigerung der landwirtschaftlichen Erzeugung konnte offensichtlich auch durch die überdurchschnittlich stark ansteigenden Preise für Nahrungsmittel nicht induziert werden. Allmählich ließ auch die Abwanderung von Arbeitskräften aus Landwirtschaft und Fischerei sinkende Produktionsergebnisse erwarten[131].

Das war ein Grund für die Intensivierung der staatlichen Agrarpolitik. Die von der Regierung nach 1932 eingeleiteten Maßnahmen zur Wiederherstellung der Leistungsfähigkeit der Landwirtschaft bezogen sich hauptsächlich auf den Versuch, eine gerechte Verteilung und Nutzung von Land herbeizuführen, und die landwirtschaftliche Verschuldung an die Leistungsfähigkeit anzupassen.

Da diese Maßnahmen jedoch nicht ausreichten, wurde 1938 ein Gesetz zur Verbesserung der Agrarstruktur verabschiedet, wodurch außer-

---

[130] K. Ohkawa et al., S. 29. Die ermittelten Werte sind jedoch vermutlich sehr ungenau, da Ohkawa auf die Berücksichtigung von Preisänderungen verzichtet. Dadurch kommt er zu einer Produktivitätsverdoppelung für den Zeitraum 1938—1942 gegenüber 1933—1937.
[131] Die wirtschaftlichen Kräfte Japans, Teil II, S. 3. Die Abwanderung wurde vor allem durch die starken Einkommensunterschiede induziert. In den Jahren 1934/36 betrug das Einkommen je Erwerbstätigen in der Landwirtschaft 40, 42 % des Einkommens je industriell Beschäftigten (Gewichtung mit städtischen Ausgabenanteilen). Vgl. S. Böttcher, Lebensverhältnisse in der japanischen Kleinindustrie. Zwischen Bauernhof und Großindustrie. Schriften des Instituts für Asienkunde in Hamburg, Bd. 9, Frankfurt/Main, Berlin 1961, S. 49.

dem die Bildung neuer, unabhängiger Bauernhöfe ermöglicht werden sollte[132].

Erneut bemühte man sich um die Senkung der landwirtschaftlichen Verschuldung. Trotz all dieser Versuche, die soziale Lage in der Landwirtschaft zu verbessern und die landwirtschaftliche Produktion zu sichern, ist Borton der Ansicht, daß weitere Reformen für die Beseitigung der Agrarkrise dringend erforderlich waren[133]. Die Situation galt jedoch als nicht so schwierig, daß sie zu einem Zusammenbruch des ökonomischen Systems hätte führen müssen[134].

Die Beseitigung der Agrarkrise war nicht nur aus sozialen Gründen erforderlich. Die Vorbereitungen für einen Krieg hingen wesentlich von der aktiven Mitarbeit der landwirtschaftlichen Bevölkerung bei der Sicherung der Versorgung ab[135]. Die Bemühungen um die Sicherung der Versorgung führten zu dem Plan von Minister Arima, die japanische Landwirtschaft mit der Chinas und der Mandschurei zu verknüpfen. Der Mangel an Arbeitskräften sollte so gemildert und Produktionsschwierigkeiten vermieden werden. Zwar galt Japan Ende der dreißiger Jahre als autark auf dem Nahrungsmittelsektor, bei weiterem Bevölkerungswachstum konnte aber nicht damit gerechnet werden, daß die Position gehalten werden konnte[136].

Einen besonderen Beitrag zur Ernährung der japanischen Bevölkerung leisteten dabei die Kolonien und die Mandschurei. 12,9 % des Reisangebots stammte aus diesen Gebieten sowie 70 % der in Japan teilweise für Exportzwecke verarbeiteten Sojabohnen. Weizen, Raps-, Rüb- und Perillaöl wurden exportiert. Autarkie bestand in der Erzeugung von Hafer, Erbsen, Zucker, während Mais und Hülsenfrüchte aus Drittländern importiert werden mußten[137]. Fisch und Fischprodukte bildeten neben der Sojabohne den Haupteiweißspender. Der Fischreichtum der eigenen Gewässer und der Kolonien wurde jedoch nur in geringem Umfang für Exportzwecke genutzt[138].

---

[132] *H. Borton*, Japan Since 1931. The Political and Social Developments, Institute of Pacific Relations, New York 1940.
[133] Ebenda, S. 97.
[134] *M. Kimura*, Agrarian Problems, Tokyo, S. 37, zitiert bei H. Borton, Japan Since 1931, S. 96.
[135] *K. Steiner*, Popular Political Participation and Political Development, in: R. E. Ward; Political Development in Modern Japan, Princeton 1968, S. 238 f.
[136] Die wirtschaftlichen Kräfte Japans (I), S. 136.
[137] Vgl. die Angaben zu den verschiedenen Produkten in: Die wirtschaftlichen Kräfte Japans (I), S. 11 ff.
[138] Ebenda, S. 48. Als Kolonien werden die Gebiete Sachhalin, sowie Korea, das Kwantung-Pachtgebiet, Formosa und die Mandatsinseln im Pazifik bezeichnet. Vgl. W. W. Lockwood, S. 50.

3.2 Kennzahlen ökonomischer Aktivität

Die Steigerung der industriellen Produktion ist in Japan ebenfalls mit einer Umstrukturierung der Wirtschaft von der Leicht- zur Schwerindustrie verbunden. Das zeigt ein Vergleich der Zahl der Betriebe, der Beschäftigten und des Produktionswertes in der Leicht- und Schwerindustrie für die Jahre 1931 und 1938:

Tabelle 14

Die Bedeutung von Leicht- und Schwerindustrie für die Industrieproduktion Japans
(in Prozent)

	Zahl der Betriebe		Zahl der Beschäftigten		Produktionswert	
	1931	1938	1931	1938	1931	1938
Leichtindustrie	78,4	68,2	77,5	51,5	66,0	38,9
Schwerindustrie	21,6	31,8	22,5	48,5	34,0	61,1
Gesamt	100	100	100	100	100	100

Quelle: Die wirtschaftlichen Kräfte Japans (II), S. 2, Tab. 1.

Unterstützt wurde diese Änderung der Produktionsstruktur vor allem durch das „Industrieförderungsprogramm", das vor Ausbruch des China-Krieges aufgestellt wurde, und die Ausdehnung von Rüstungs- und Basisindustrien vorsah[139]. Durch ein System staatlicher Produktionskontrollen, Verbrauchslenkung und finanzieller Anreize gelang es, die Steigerung der Industrieproduktion in die gewünschten Bahnen zu lenken: Die ehemals so bedeutende Textilindustrie verlor weiter erheb-

Tabelle 15

Produktionsindizes für einzelne Industriezweige
(1935 = 100)

	1936	1937	1938	1939
Textilien	106,12	103,00	96,30	89,35
Nahrungsmittel	91,18	94,56	106,80	127,07
Metalle	114,87	123,57	197,27	278,22
Maschinen	105,85	116,78	105,24	129,92
Chemie	111,15	118,60	118,48	156,56

Quelle: Y. Shionoya, S. 105, Tab. 3 A—3.

[139] Vgl. dazu im einzelnen *I. Asahi,* S. 49 ff. Vgl. auch *W. Classen,* Zur japanischen Rohstoffpolitik. Geographische Zeitschrift, 50. Jg., Leipzig, Berlin 1944, S. 44 ff.

56   3. Wirtschaftliche Lage in Deutschland, Japan und USA

lich an Bedeutung[140]. Der Index der Nahrungsmittelproduktion stieg zwar noch, die Zuwachsraten in der Metallindustrie und der chemischen Industrie waren jedoch erheblich größer.

Der starke Anstieg der Industrieproduktion ließ die Armut an Bodenschätzen deutlich werden. Bereits 1936 war die Selbstversorgung mit industriellen Rohstoffen höchst unzureichend. Das japanische Stammland deckte den Bedarf in folgendem Ausmaß[141]:

Eisenerz	13,2 %
Schwefel, Schwefelkies	100,0 %
Manganerz	28,3 %
Kupfer	64,4 %
Kohle	93,1 %
Superphosphat	101,0 %
Aluminium	42,7 %
Zinn	28,8 %
Antimon, Wolfram, Molybdän, Zink, Nickel, Blei, Platin, Asbest	20,0 %
Rohöl	8,5 %
Glycerin	99,3 %

Die Erschließung neuer Rohstoffquellen wurde durch staatliche Protektion erleichtert. Zusammenschlüsse von Unternehmen der Eisen- und Stahlindustrie wurden gefördert und für die Steigerung der Leichtmetallproduktion Prämien ausgesetzt[142].

Im revidierten „Industrieförderungsprogramm"[143] wurden Nord-China und die Mandschurei in die Planung über die Erweiterung der Produktionskapazität mit einbezogen, was besonders zu einer Steigerung der Selbstversorgung mit Eisenerzen führen sollte[144].

---

[140] Ihr Anteil am industriellen Bruttoproduktionswert sank von 1919—1923 bis 1936—1940 um 50 %. Vgl. Y. *Shionoya*, Patterns of Industrial Development, in: *L. Klein and K. Ohkawa* (Ed.); Economic Growth, S. 75, Tab. 2—3 und S. 105, 3 A—3.

[141] Die wirtschaftlichen Kräfte Japans (II), S. 53 f. Basisjahr für Brennstoffe ist 1935.

[142] Die wirtschaftlichen Kräfte Japans (II), S. 66 ff. und *I. Asahi*, S. 96 ff.

[143] Der Entwurf wurde im Dezember 1938 veröffentlicht und im Januar 1939 vom Kabinett verabschiedet. Vgl. *I. Asahi*, S. 94.

[144] Japan hatte in China 48,1 % der gesamten Erzreserven in der Hand. In Korea wurde die Kohlegewinnung ausgedehnt, ebenso die Silber- und Wolframproduktion. Die Vorkommen an Bodenschätzen in der Mandschurei wurden 1938 auf 11,4 Mrd. t Kohle, 1,5 Mrd. t Eisenerz, 5 Mrd. t Magnesit und 7,6 Mrd. t Ölschiefer mit 5,5 % Ölgehalt geschätzt. Eine sofortige Entlastung des Importbedarfs war jedoch nicht zu erwarten, da diese Räume erst erschlossen werden mußten. Vgl. *K. M. Schwind*, Japan. Zusammenbruch und Wiederaufbau seiner Wirtschaft. Bremer Ausschuß für Wirtschaftsforschung, Düsseldorf 1954, S. 23, und: Die wirtschaftlichen Kräfte Japans (I), S. 52, und (II), S. 4.

3.2 Kennzahlen ökonomischer Aktivität

Dennoch gelang es nicht, die Produktion in dem gewünschten Ausmaß zu steigern, was ähnlich wie in Deutschland zu staatlicher Kontrolle des Verbrauchs kriegswichtiger Rohstoffe führte [145]. Gleichzeitig wurden die Konzentrationstendenzen in der Industrie unterstützt, um zu leistungsfähigeren Produktionseinheiten zu gelangen [146].

Die Wertschöpfung nach Wirtschaftsbereichen in den USA

In den USA schwankte die wertmäßige Zusammensetzung der Volkseinkommen in den Jahren 1936—1939 erheblich, ein Zeichen für die weiter bestehende Unsicherheit über die zukünftige wirtschaftliche Entwicklung. Diese Unsicherheit kam auch durch verschiedentlich starke Preisschwankungen zum Ausdruck, die hier jedoch nicht berücksichtigt werden.

Tabelle 16

Zusammensetzung des Volkseinkommens in den USA (in Prozent)

	1936	1937	1938	1939
Land- und Forstwirtschaft, Fischerei	8,3	9,8	8,7	8,1
Industrie und Bergbau	30,4	31,8	27,3	29,9
Dienstleistungen (inkl. staatliche)	61,2	58,1	63,3	61,4

Quelle: Berechnet nach Angaben von Historical Statistics, S. 140, Tab. F 22—33, über die Zusammensetzung des Volkseinkommens in laufenden Preisen.

Während der gesamten Periode stieg lediglich die Wertschöpfung im Dienstleistungssektor absolut an.

1935 wurde durch den Obersten Gerichtshof der „National Industrial Recovery Act" für verfassungswidrig erklärt. Damit endete die staatliche Kontrolle über industrielle Produktionseinschränkungen. Für den Industriesektor wurde kein neues Gesetz erlassen, das ähnliche planwirtschaftliche Eingriffe in den Produktionsprozeß zuließ. Die Steige-

---

[145] Vgl. *J. B. Cohen*, S. 32 ff. und: Die wirtschaftlichen Kräfte Japans, (II), S. 7, sowie S. 59 ff.
[146] 1939 waren noch ein Viertel aller industriellen Unternehmen Kleinbetriebe mit weniger als 5 Beschäftigten. 1935 waren zwischen 10 und 100 Beschäftigten in insgesamt 41,4 % der Unternehmen, in den USA waren es im selben Jahr 21,8%. In Deutschland waren in Industrie und Handwerk 56 % in Unternehmen mit weniger als 200 Beschäftigten. Japan weist eindeutig die meisten Kleinstunternehmen auf. Vgl. *G. C. Allen*, Japan's Economic Expansion, London, New York, Toronto, 1965, S. 271, Tab. 11. *K. Hax*, S. 227, Tab. 95, und *K. Brandt*, Konzentration und wirtschaftliche Entwicklung, in: Die Konzentration in der Wirtschaft, 3. Bd. Wertungen und Probleme der Konzentration (Hrsg. H. Arndt), Schriften des Vereins für Socialpolitik, NF Bd. 20/III, Berlin 1960, S. 1514.

rung der Industrieproduktion seit Mitte 1935 läßt deswegen auf eine Stabilisierung schließen, die erst durch die Senkung der Staatsausgaben im August 1937 wieder in Frage gestellt wurde[147]. Außerdem führten Steuererhöhungen und die Verschärfung der Anti-Trust-Politik[148] zu skeptischen Erwartungen über die weitere wirtschaftliche Entwicklung.

Die Industrien reagierten unterschiedlich heftig auf die staatliche Deflationspolitik. Besonders empfindlich beschränkte die Eisen- und Stahlindustrie ihre Produktion. Auch der mengenmäßige Output im Bergbau schwankte erheblich. Am stärksten wurde 1938 die Förderung eisenhaltiger Metalle auf Grund der Produktionseinschränkungen in der Stahlindustrie gedrosselt[149]. Im Jahre 1939 war die Produktion bei sämtlichen mineralischen Brennstoffen und Metallen jedoch höher als 1936. Trotz gestiegener Gesamtproduktion verbesserte sich dabei die Selbstversorgung mit industriellen Rohstoffen um rund 7 % und lag insgesamt über der der Jahre 1923—1925[150].

Trotz dem hohen Bedarf der amerikanischen Industrie war bei den bedeutendsten Rohstoffen die inländische Produktion für die Versorgung des Landes ausreichend hoch[151]:

Rohöl	108 %
Eisenerz	96,8 %
Roheisen	99 %
Kupfer	vermutlich 100a) %
Zink	100a) %
Blei	vermutlich 100a) %
Bauxit	54 %
Mangan	3,8 %
Molybdän	100 %
Nickel	3,9 %
Schwefel	137 %
Pyrrit	56 %
Pottasche	51 %
Phosphatgestein	156 %

a) Es fehlen Angaben über die Erzimporte. Ein erheblicher Teil des raffinierten Kupfer und Blei wurden exportiert.

---

[147] Vgl. W. F. Walter, S. 428 f.
[148] Siehe dazu H. U. Faulkner, Geschichte der amerikanischen Wirtschaft. (American Economic History, Übers. von W. Schwerdtfeger), 1. Aufl., Düsseldorf 1957, S. 691.
[149] Vgl. dazu die Angaben in Historical Statistics, S. 353, Tab. M 51—62 sowie S. 416, Tab. P 182—232.
[150] Ebenda, S. 541.
[151] Berechnet nach den Angaben über die mengenmäßige Produktion (= heimisches Angebot) und den Bedarf (Produktion + Importe abzügl. Exporte), in: Statistical History of the United States, S. 360 ff.

3.2 Kennzahlen ökonomischer Aktivität

Nach 1936 stieg die landwirtschaftliche Produktion erheblich. Die Lage der amerikanischen Farmer besserte sich dadurch jedoch nur geringfügig, da gleichzeitig die Preise für Agrarprodukte sanken. Zwar gelang es, die landwirtschaftlichen Einkommen zu stabilisieren und den Druck der hohen Verschuldung durch staatliche Hilfsmaßnahmen zu mindern. Hauptursache der landwirtschaftlichen Krise zu Beginn der dreißiger Jahre war jedoch die im Verhältnis zum tatsächlichen Bedarf zu hohe Produktion. Nachdem der Oberste Gerichtshof der Vereinigten Staaten den „Agricultural Adjustment Act" für verfassungswidrig erklärt hatte, wurden auch die staatlich vorgesehenen Produktionsbeschränkungen unwirksam. Bereits zwei Monate später wurde der „Soil Conservation and Domestic Allotment Act" erlassen, dessen Ziel ebenfalls die Einschränkung der landwirtschaftlichen Produktionsfläche war[152]. Dennoch stieg die Kapazitätsausnutzung in landwirtschaftlichen Betrieben von 65,7 % 1936 auf über 90 % 1939, der Produktionsindex erhöhte sich um mehr als 20 %[153]. Ende der dreißiger Jahre befriedigte die amerikanische Landwirtschaft 91 % des inländischen Bedarfs an Nahrungsrohstoffen. Grundnahrungsmittel wie Weizen, Fleisch, tierische Fette, Öle, Reis und Mais wurden in erheblichem Umfang[154] exportiert. Die Eigenversorgung mit Zucker, pflanzlichen Fetten, Kaffee, Tee, Kakao und Kakaobohnen war jedoch nicht ausreichend.

Vergleich der Produktionsstruktur der drei Länder

Ein Vergleich der Produktionsstrukturen führt zu folgenden Ergebnissen:

Die Änderungen in der amerikanischen Produktionsstruktur 1936 bis 1939 waren überwiegend konjunkturell bedingt. Staatliche Eingriffe erfolgten mit dem Ziel der Stabilisierung der wirtschaftlichen Lage durch Beschränkung der Produktion.

Im Gegensatz dazu entsprachen die Änderungen der Produktion in Japan und Deutschland dem Strukturwandel, der in wachsenden Wirtschaften zu beobachten ist. Die Wachstumsrate der japanischen Schwerindustrie war dabei besonders hoch. Besserung der wirtschaftlichen Lage wurde durch Produktionsausdehnung erreicht, wobei beiden Ländern die Grenzen ihrer Eigenversorgung deutlich wurden.

---

[152] *W. F. Walter*, S. 431 ff., sowie *H. Krüger*, Zur neuen amerikanischen Agrarpolitik. Vom Agricultural Adjustment zur Soil Conservation. Jahrbücher für Nationalökonomie und Statistik, Bd. 146, Jena 1937, S. 500 und S. 568 ff.
[153] Vgl. Historical Statistics, S. 282, Tab. K 104—115, und S. 288, Tab. K 190 bis 194. 1937 lag die Kapazitätsausnutzung sogar bei 98,8 %.
[154] Nach Angaben von J. W. F. Rowe waren die USA 1934/38 bedeutende Exporteure für diese Produkte. Vgl. *J. W. F. Rowe*, Primary Commodities in International Trade, Cambridge 1965, S. 113 ff., Tab. 5, sowie *R. H. Whitebeck* and *V. C. Finch*, S. 629 f.

3. Wirtschaftliche Lage in Deutschland, Japan und USA

Alle drei Länder hatten im Zeitraum 1936—1939 besonders mit strukturellen Problemen in der Landwirtschaft zu kämpfen, die nicht befriedigend gelöst werden konnten.

Unterschiede im Anteil der Sektoren an der Wertschöpfung bestehen in allen Ländern. Entsprechend dem niedrigen Einkommensniveau wurde in Japan noch ein erheblicher Teil des Volkseinkommens, rund 25 %/o (1939), von der Landwirtschaft erstellt, in Deutschland nur noch 15 %/o (1938), in den Vereinigten Staaten sogar nur 8 %/o (1939). In Japan und den Vereinigten Staaten wurde etwa ein Drittel der Gesamtproduktion im industriellen Bereich erzeugt, in Deutschland über 50 %/o. Diese Angaben dürfen jedoch nicht darüber täuschen, daß die wertmäßige Produktion der amerikanischen Industrie am höchsten lag[155]. Trotz erheblicher Unterschiede im Produktionswert bestehen starke Ähnlichkeiten in der Struktur der Industrieproduktion. Das verdeutlicht die folgende Statistik:

Tabelle 17

Struktur der Industrieproduktion in Japan, Deutschland und den USA
(Nettowertschöpfung nach Industriebereichen in Prozent)

	Japan 1934	Deutschland 1936	USA 1937
Insgesamt	100	100	100
Metall, Maschinen, Fahrzeugbau	36,3	40,3	38,3
Chemie, Papier, Druckerzeugnisse	22,6	15,6	20,0
Textil und Bekleidung	15,1	13,0	13,5
Nahrungsmittel, Getränke, Tabak	15,4	14,0	14,6
Übrige	11,0	15,1	13,6

Quelle: G. C. Allen, Japan's Economic Expansion, S. 270, Tab. 10 b.

Dem hohen Entwicklungsniveau der Vereinigten Staaten entsprechend wird mehr als 60 %/o des Einkommens im Dienstleistungssektor erzeugt, in Deutschland ein Drittel, in Japan über 40 %/o.

Die Angaben über die Zusammensetzung der Wertschöpfung, besonders über die Struktur der Industrieproduktion, machen die Revision der Klassifizierung der Länder auf Grund der Beschäftigtenstruktur erforderlich. Unterschiede im Entwicklungsniveau bestehen eindeutig. Der Aufbau der Industrieproduktion läßt jedoch darauf schließen,

---

[155] Nach Umrechnung mit den offiziellen Dollar-Kursen betrug die Industrieproduktion in Deutschland 1938 14,4 Mrd. $, in Japan 1939 2,5 Mrd. $ gegenüber 21,8 Mrd. $ in den USA. Dieser Vergleich ist jedoch sehr ungenau und dient nur zur Veranschaulichung der Unterschiede.

daß in Japan und Deutschland das technische Wissen ein Niveau erreicht hatte, das die Ausdehnung der Massengüterproduktion für Produkte des gehobenen Bedarfs erlaubt hätte. Da während der Wirtschaftskrise für solche Güter keine kaufkräftige private Nachfrage vorhanden war, konnte die staatliche Nachfrage ausgedehnt werden. Die Untersuchung dieses Problems erfolgt jedoch erst im nächsten Abschnitt.

3.2.2.3 Die Verwendung des Sozialprodukts

Die Zusammensetzung der Produktion eines Landes ist abhängig von der in- und ausländischen Nachfrage und dem erreichten Entwicklungsniveau. Entsprechend den Nachfragegruppen werden privater Konsum, Staatsverbrauch und Investitionen unterschieden. Da bei Wirtschaftsbeziehungen mit dem Ausland die laufenden Transaktionen meist nicht ausgeglichen sind, ist auch der Außenbeitrag zum Sozialprodukt zu berücksichtigen. Dieser ist jedoch nicht in so starkem Ausmaß wie Konsum und Investition sowie Staatsausgaben von der Höhe des inländischen Einkommens und den Erwartungen über die Entwicklung der Inlandsnachfrage abhängig und liegt bei den untersuchten Ländern zwischen 1 und 3 % des Sozialprodukts. Er wird deshalb in diesem Zusammenhang vernachlässigt; er tritt erst bei der Untersuchung des Außenhandels wieder in Erscheinung.

Die Bruttoausgaben in Japan

In Japan hatte das Wachstum des Volkseinkommens bis in die dreißiger Jahre hinein noch nicht zu einer wesentlichen Steigerung des Massenkonsums geführt[156]. Trotz Steigerung der Geldlöhne sank in der zweiten Hälfte der dreißiger Jahre wegen steigender Lebenshaltungskosten das Realeinkommen der Lohnempfänger[157]. Die privaten Konsumausgaben stiegen von 1930 bis 1938 zwar nahezu um 50 %. Da sich das Sozialprodukt gleichzeitig verdoppelte, sank der Anteil der Konsumausgaben am Bruttosozialprodukt[158] jedoch von 75 % auf 52 %. Entsprechend den niedrigen Pro-Kopf-Einkommen wurde der Hauptanteil für Nahrungs- und Genußmittel ausgegeben. Eine Lenkung des privaten Verbrauchs wurde durch die staatliche Kontrolle des Außenhandels nach dem „Provisorischen Import-Export-Kontroll-Gesetz" von

---

[156] Vgl. dazu W. *Lockwood*, S. 148 f.
[157] Ebenda, S. 144 f., sowie J. B. *Cohen*, S. 8.
[158] Diese Angaben sind nicht vergleichbar mit denen für Deutschland und die USA, da bei beiden Ländern das Nettosozialprodukt als Bezugsgröße dient. Es sei hier auch noch einmal auf die Ungenauigkeit der statistischen Angaben für das Sozialprodukt, die Höhe der Investitionen und die Konsumausgaben hingewiesen, die erst durch komplizierte Umrechnungsverfahren ermittelt wurden. Vgl. dazu W. *Lockwood*, S. 266 f. und S. 417. K. *Ohkawa*, The Growth Rate, S. 154 f., sowie J. B. *Cohen*, S. 6, Tab. 2.

3. Wirtschaftliche Lage in Deutschland, Japan und USA

1937[159] erforderlich, das jedoch für die Industrie einschneidendere Folgen hatte als für den privaten Verbrauch.

Die private Investitionstätigkeit stieg von 1930 bis 1938 stark an. Die Investitionen betrugen 1930, einem Jahr leichter Depression, 8,6 % des Bruttosozialprodukts, 1938 18,2 %[160]. Die Steigerung der privaten Investitionen wurde nicht nur durch staatliche Investitionsanreize, wie Steuervergünstigungen, Zollbefreiungen, Subventionen und staatliche Hilfe bei der Kapitalbeschaffung erreicht. Steigende Gewinne verbesserten die Selbstfinanzierungsmöglichkeiten der Unternehmen schon vor Einführung dieser Maßnahmen[161].

Wachsende Nachfrage des Staates und eine kräftige Erhöhung des Außenhandels verbesserten die Absatzchancen der Unternehmen und die Erwartung über die weitere Gewinnentwicklung. Besonders hoch waren die Investitionen in der metallverarbeitenden Industrie, der Maschinen- und Fahrzeugindustrie sowie der chemischen Industrie. Diese führten 1938 über 85 % der industriellen Investitionen durch, gegenüber 35 % im Jahre 1936[162].

Während der Anstieg der Investitionsquote teilweise auf die Stabilisierung der konjunkturellen Lage zurückzuführen ist, entsprach die Erhöhung der Staatsausgaben einer längerfristigen Entwicklung, die zu Lasten des privaten Verbrauchs erfolgte. Die Ausgaben lokaler und nationaler Körperschaften stiegen nach 1936 sprunghaft an, so daß der Anteil der Staatsausgaben am Bruttosozialprodukt 1938 bereits 26,2 %

Tabelle 18

Anteil der Konsumausgaben, der Bruttoinvestitionen und der Staatsausgaben an der Bruttowertschöpfung in Japan
(in Prozent)

	1930	1938
Konsum	75,0	52,1
Bruttoinvestitionen	8,6	18,2
Staatsausgaben	14,0	26,2

Quelle: Berechnet nach Schätzungen des Economic Stabilization Board, zit. bei W. Lockwood, S. 414, Tab. 36.

---

[159] Betroffene Produkte siehe: Die wirtschaftlichen Kräfte Japans (II), S. 6 ff.
[160] W. Lockwood, S. 414. Nach Angaben von Yamada betrugen sie 1930—1936 durchschnittlich 13 %. Ebenda, S. 416 und S. 266, Tab. 22.
[161] Nach Angaben von Cohen stieg bei Kapitalgesellschaften der Index der Gewinne von 1929 = 100 auf 1936 = 157. Für eine repräsentative Auswahl von Industrie- und Bergbauunternehmen stieg die Nettoverzinsung des Kapitals von 5,2 % 1930 auf 16,1 % 1936. Vgl. J. B. Cohen, S. 8.
[162] Vgl. Die wirtschaftlichen Kräfte Japans (II), S. 18, Tab. 15. 1936 wurden 41 % der Investitionen zum Ausbau der Energiewirtschaft verwendet.

3.2 Kennzahlen ökonomischer Aktivität

betrug, wovon etwa drei Viertel für militärische Zwecke verbraucht wurden.

Die Verwendung der japanischen Produktion zeigt Tab. 18.

Die Verwendung des Einkommens in Deutschland

In Deutschland änderten sich die Anteile der Nachfragegruppen am Sozialprodukt erheblich.

Zur Durchsetzung staatlicher Nachfragepläne war eine Steigerung kriegswichtiger Produktionen erforderlich. Dies mußte mit dem Erreichen von Vollbeschäftigung zu einer Lenkung des Verbrauchs führen. Nach Ermittlungen von B. H. Klein war die Beschränkung des privaten Verbrauchs bis 1939 weit niedriger als man erwarten könnte, wenn man davon ausgeht, daß Hitler seine Kriegspläne seit der Machtübernahme konsequent weiterverfolgte[163]. Diese umstrittene These sei hier jedoch nicht weiter diskutiert.

Eine absolute Einschränkung des Konsums war, da eine kräftige Einkommenserhöhung erfolgte, nicht erforderlich. Der private Verbrauch sollte auf dem Niveau des Jahres 1936 stabilisiert werden[164]. Dennoch stiegen die Konsumausgaben in den folgenden Jahren an.

Die Schätzungen Nathans, der Pro-Kopf-Konsum sei in den Jahren 1932—1938 um 10 % gestiegen, liegen zu niedrig[165]. In laufenden Preisen gemessen stieg der private Konsum von 1936 bis 1938 um 14 %, bei einer Steigerung des Nettosozialprodukts um 24,1 %[166]. Vermutlich war die tatsächliche Verbrauchssteigerung jedoch etwas geringer, da zur Vorsorge für Kriegszeiten Lager angelegt wurden, deren Größe unbekannt ist[167]. Wie hoch die Wohlfahrtssteigerung der privaten Verbraucher war, kann auch deswegen nicht unmittelbar aus der Steigerung des mengenmäßigen Konsums geschlossen werden, da besonders seit 1936 eine Lenkung des privaten Verbrauchs erfolgte. Importrestriktionen und die Änderung der inländischen Produktionsstruktur machten

---

[163] *B. H. Klein*, S. 4, 76 ff.
A. S. Milward, Die deutsche Kriegswirtschaft 1939—1945, Schriftenreihe der Vierteljahreshefte für Zeitgeschichte, Nr. 12, Stuttgart 1966, erklärt diese Zurückhaltung in der Aufrüstung mit dem Blitzkriegkonzept, das keine Tiefenrüstung erforderte. Desgl. *T. Mason*, Der Primat der Politik — Politik und Wirtschaft im Nationalsozialismus. Das Argument; Heft 6, Berlin 1966, S. 488.
[164] *A. Schweitzer*, Der ursprüngliche Vierjahresplan, S. 356. Das Konsumniveau des Jahres 1936 entsprach etwa dem des Jahres 1928. Vgl. *W. G. Hoffmann*, Wachstum, S. 828, Tab. 249.
[165] *O. Nathan*, The Nazi War Economic System, Germany's Mobilization for War, Durham 1944, S. 353.
[166] Berechnet nach Angaben von *W. G. Hoffmann*, Wachstum, S. 826, Tab. 248.
[167] Darauf weist vor allem Nathan hin. Vgl. *O. Nathan*, S. 354.

diese Maßnahme erforderlich[168]. Dadurch ergab sich eine Nachfragesenkung bei Fleisch, Milch, Eiern, Reis und tropischen Früchten. Diese Lücke wurde durch bessere Versorgung mit Fetten, Käse, Mehlprodukten, Fisch und Kartoffeln geschlossen[169]. Bei einigen dauerhaften Konsumgütern verbesserte sich die Versorgungslage ebenfalls. In diesem Zusammenhang wird häufig auf die Verdoppelung des PKW-Bestandes und des Bestandes an Krafträdern verwiesen und die steil ansteigenden Zahlen der Rundfunkempfänger genannt[170]. Das kann als Indiz dafür genommen werden, daß Deutschland der Eintritt in das Massenkonsumzeitalter möglich gewesen wäre.

Die Senkung des Anteils der Konsumausgaben am Sozialprodukt wurde jedoch nicht nur durch die Lenkung des privaten Verbrauchs erreicht. Auch die Änderungen in der Einkommensstruktur und der Einkommensverteilung haben dazu beigetragen. So wurde nach Berechnung von Sweezy die Einkommensverteilung ungleichmäßiger[171]. Der Anteil der Gewinne am Volkseinkommen stieg[172], und die Gewinnausschüttung wurde durch die Sperrung des Kapitalmarkts für private Kapitalgesellschaften gesenkt[173]. Dadurch stiegen die Einkommen von Gruppen mit höherer Spareigung und die Möglichkeit zur Selbstfinanzierung von Investitionen.

Die Investitionen der privaten Industrie stiegen im Zeitraum 1936 bis 1938 um 56 %[174], die Investitionsquote betrug damit 14,4 %. Die Gesamtinvestitionen, d. h. sowohl staatliche als auch private Investitionen erfolgten in den Jahren 1936—1938 erst zu einem relativ geringen, jedoch stark ansteigenden Prozentsatz in der Rüstungsindustrie. Die Basisindustrien erweiterten ihren Kapitalstock 1938 etwa im selben Ausmaß wie im Jahr 1928. Auch in den übrigen Wirtschaftsbereichen waren die Investitionen etwa ebenso hoch wie 1928[175].

---

[168] A. Schweitzer, Der ursprüngliche Vierjahresplan, S. 362 und 383.
[169] Vgl. dazu die Angaben über den Pro-Kopf-Konsum einzelner Lebensmittel bei O. Nathan, S. 356, Tab. 9. Der Jahresverbrauch und Verarbeitung von im Ausland erzeugten Waren sank in den Jahren 1936—1939 erheblich. Vgl. dazu: Statistisches Handbuch von Deutschland, 1928—1944. Hrsg. vom Länderrat des Amerikanischen Besatzungsgebiets, München 1949, S. 501.
[170] Bestandsangaben finden sich bei W. W. Rostow, (I) S. 203, Tab. 9. Der Autobestand war demzufolge, bezogen auf die Bevölkerung in den USA rund 10mal so hoch wie in Deutschland, und rund 200mal so groß wie in Japan. Sowie O. Nathan, S. 362, Tab. 12.
[171] M. Y. Sweezy, Distribution of Wealth under the Nazis. Review of Economics and Statistics, Cambridge, 1939, S. 182.
[172] O. Nathan, S. 338, Tab. 2.
[173] A. Schweitzer, Profits under Nazi Planning. The Quaterly Journal of Economics, Vol. 61, Cambridge, Mass. 1946, S. 8.
[174] Berechnet nach Angaben über die private Nettoinvestition in laufenden Preisen. Siehe dazu W. G. Hoffmann, Wachstum, S. 826, Tab. 248. In konstanten Preisen betrug der Anstieg sogar 64 %. Ebenda, S. 828, Tab. 249.
[175] B. H. Klein, S. 14, Tab. 5.

Der größte Teil des Einkommenszuwachses wurde vom öffentlichen Sektor absorbiert. Sein Anteil am Nettosozialprodukt zu Marktpreisen stieg von 22,4 % 1936 auf 26,3 % 1938. Der größte Teil dieser Ausgaben floß in die Wehrmacht. Bedeutend waren jedoch auch die öffentlichen Investitionen in den Verkehrssektor[176].

Gegenüber 1928 änderte sich die Nachfragestruktur in folgendem Ausmaß:

Tabelle 19

Anteil von Konsum, Nettoinvestitionen und Staatsausgaben am Nettosozialprodukt zu Marktpreisen in Deutschland (in Prozent)

	1928	1938
Privater Verbrauch	76,5	59,7
Nettoinvestitionen	13,1	14,4
Staatsausgaben	11,8	26,3

Quelle: Berechnet nach Angaben von *W. G. Hoffmann,* Wachstum, S. 826, Tab. 248.

Die Verwendung des Sozialprodukts in den USA

In den USA wurde die Einkommens- und Nachfrageentwicklung durch das unsichere Investitionsverhalten privater Unternehmer negativ beeinflußt. Ursache für die geringe Investitionsbereitschaft war die Unsicherheit über die weitere Zunahme der Massennachfrage. Aber auch die staatliche Wirtschaftspolitik bremste die Aufwärtsentwicklung des Volkseinkommens.

Zwar wurden die staatlichen Ausgaben zur Wirtschaftsbelebung weiter erhöht. Die kurzfristig vorgenommenen Deflationsmaßnahmen Mitte 1937 leiteten jedoch einen Konjunkturrückgang ein, der erst allmählich wieder gestoppt werden konnte.

Ferner wurden durch die ständig steigende Einkommensteuer die verfügbaren Einkommen beschnitten. Der private Konsum stieg 1936 bis 1939 zwar um 15 % an, der Anteil der privaten Konsumausgaben am Volkseinkommen war 1939 jedoch geringer als 1929[177]. Dieser Rückgang war verbunden mit starken Einkommensschwankungen bei den unselbständig Beschäftigten und den Personengesellschaften[178].

---

[176] Zur Struktur der öffentlichen Ausgaben vgl. *R. Erbe,* Die nationalsozialistische Wirtschaftspolitik 1933—1939 im Lichte der modernen Theorie. Hrsg. Basle Center for Economic and Social Research, Series B, No. 2, Zürich, 1958, S. 25.
[177] Berechnet nach Angaben von *S. Kuznets,* National Product since 1869. National Bureau of Economic Research. Inc. New York 1946, S. 51, Tab. I, 14.
[178] Vgl. Historical Statistics of the United States, S. 141, Tab. F 49—54.

Da gleichzeitig auch die Bruttogewinne erheblich schwankten — sie sanken 1938 gegenüber dem Vorjahr um fast 25 %[179] — war auch die private Investitionsnachfrage gering. Sie wurde ebenfalls durch steuerliche Maßnahmen noch weiter beeinträchtigt[180]. Seit 1935 wurden Körperschaften einer progressiven „Corporation Income Tax" unterworfen, die 1936 und 1938 für Banken und Treuhandgesellschaften noch erhöht wurde. Auch wurden seit 1936 die unausgeschütteten Gewinne — Hauptfinanzierungsquelle der Investitionen — von Kapitalgesellschaften besteuert, desgleichen Gewinne, die als ungerechtfertigte Bereicherung angesehen wurden („Tax on Unjust Enrichment")[181].

Diese staatlichen Steuererhöhungen bei Kapitalgesellschaften standen im Zusammenhang mit den massiven Bestrebungen Roosevelts, einer weiteren Konzentration in der amerikanischen Wirtschaft entgegenzuwirken und eine gewisse öffentliche Kontrolle über die weitere Expansion von Großunternehmen herbeizuführen. Gleichzeitig sollte ein Druck auf die monopolistische Preisbildung ausgeübt werden.

Die staatlichen Maßnahmen wirkten sich jedoch auf die private Investitionstätigkeit nachteilig aus: Obgleich im Zeitraum 1936—1939 ausländische Anleger Nettoinvestitionen in Höhe von rund 2 Mrd. US-Dollar tätigten, betrugen die gesamten Nettoinvestitionen in dieser Zeit nur 5,4 Mrd. Dollar. Im Jahre 1938 reichten die Gesamtinvestitionen nicht einmal aus, um den Kapitalverzehr auszugleichen[182].

Den Ausfall privater Investitionsnachfrage ersetzte seit 1934 in wachsendem Ausmaß der Staat, so daß der Anteil des Staates an der Gesamtnachfrage von 8,6 % 1929 auf 15,6 % 1936 anstieg, 1937 auf 14 % jedoch zurückging und wegen der kontraktiven Wirkung wieder auf 16,5 % 1938 und 15,8 % 1939 erhöht werden mußte[183].

In den USA war somit an die Stelle der privaten Investitionstätigkeit die staatliche Aktivität getreten, während die private Nachfrage nach Verbrauchsgütern konstant geblieben war (Vgl. Tab. 20).

Vergleich

In Japan, Deutschland und den USA hatte die Weltwirtschaftskrise zu einer Ausdehnung der staatlichen Aktivität geführt, die zur Wirt-

---

[179] Ebenda.
[180] Zur widersprüchlichen Vollbeschäftigungspolitik der USA vgl. auch A. *Smithies*, The American Economy in the Thirties. In: Issues in American Economic History. Selected Readings. Ed. by G. D. *Nash*, Boston, 1964, S. 458.
[181] Vgl. B. *Fritsch*, Geschichte und Theorie der amerikanischen Stabilisierungspolitik 1933—1939/1946—1953, Zürich 1959, S. 82 f.
[182] Vgl. Historical Statistics of the United States, S. 142, Tab. F 67—86.
[183] Ebenda. Davon waren etwa ein Drittel Bundesausgaben, ²/₃ Ausgaben der Bundesstaaten und Gemeinden. Vgl. dazu W. C. *Peterson*, Income, Employment and Economic Growth, New York, 1962, S. 89, Tab. 38.

Tabelle 20

Anteil von privatem Konsum, Investition und Staatsausgaben am Nettosozialprodukt in den USA (in Prozent)

	1929	1939
Konsum	82,4	80,6
Nettoinvestition	8,4	1,7
Staatsausgaben	8,9	15,8

Quelle: Berechnet nach Angaben von Historical Statistics of the United States, S. 131, F 6—9, und S. 142, F 67—86.

schaftsbelebung Staatsausgaben an die Stelle ausgebliebener privater Investitionsnachfrage treten ließ.

In den USA war 1939 die private Sachkapitalbildung noch so gering, daß die hohe Ausgabenquote des Staates ohne Minderung der Konsumquote aufrechterhalten werden konnte. Die zusätzlichen Staatsausgaben erfolgten weitgehend für Projekte, die der Verbesserung des Lebensstandards dienten, wie Infrastrukturverbesserungen, Unterstützungsmaßnahmen etc. Eine Steigerung der Rüstungsausgaben erfolgte nur in geringem Umfang [184].

In Japan und Deutschland war hingegen die private Investition wieder kräftig angestiegen und entspricht den Erwartungen über die Kapitalbildung wachsender Volkswirtschaften. Die weiterhin sehr hohe und noch wachsende Ausgabenquote des Staates ging zu Lasten des privaten Verbrauchs, da die Einkommenszuwächse nicht für die Verbesserung der öffentlichen Versorgung verwendet, sondern weitgehend zur militärischen Rüstung benutzt wurden [185]. In beiden Ländern wurde die Konsumquote etwa in gleichem Ausmaß gesenkt, wobei sich das Versorgungsniveau der Verbraucher in Japan wegen größerer Preissteigerungen wesentlich weniger verbesserte als in Deutschland.

3.2.2.4 Die außenwirtschaftlichen Beziehungen der Länder

Das Außenhandelsvolumen eines Landes wird vor allem von der Höhe der Einkommen im Inland und in den Handelspartnerländern bestimmt. Infolge von komparativen und absoluten Preis- und Kosten-

---

[184] Vgl. dazu B. *Fritsch*, Die amerikanische Beschäftigungspolitik der dreißiger Jahre im Lichte der Beschäftigungstheorie von Keynes. Schweizerische Zeitschrift für Volkswirtschaft und Statistik, 92. Jhg., Basel 1956, S. 73.
[185] In den Jahren 1936 und 1937 erfolgten rund zwei Drittel der öffentlichen Investitionen im Bereich der Wehrmacht, 1938 waren es fast 75 %. Vgl. R. *Erbe*, S. 25.

3. Wirtschaftliche Lage in Deutschland, Japan und USA

vorteilen ist Außenhandel grundsätzlich lohnend, sofern diese Vorteile nicht durch negative Zollwirkungen beseitigt werden oder infolge von Handelsbeschränkungen nicht ausgenutzt werden können. Dieses, aus dem Heckscher-Ohlin-Theorem ableitbare Argument für internationalen Handel gilt jedoch für eine vollbeschäftigte Wirtschaft.

In den dreißiger Jahren wurde zur Bekämpfung der Unterbeschäftigung als Folge der Weltwirtschaftskrise in den meisten Ländern der Versuch unternommen, zunächst die Lage der heimischen Wirtschaft zu stabilisieren und die eigene Abhängigkeit vom Ausland auf ein Minimum zu reduzieren. Die Einführung von Zöllen und Handelsrestriktionen sollte dazu beitragen.

Das ist ein Grund dafür, daß der internationale Handel bis 1938 wertmäßig das Niveau des Jahres 1929, dem letzten Vorkrisenjahr, noch nicht wieder erreicht hatte. Er war im Jahr 1938 gegenüber dem Vorjahr sogar wieder rückläufig. Das zeigt eine Statistik des U. S. Department of Commerce über die Entwicklung des Importindex in den Jahren 1929 bis 1938[186]:

Tabelle 21

Importindex aller Länder
(in lfd. Dollarwerten, 1929 = 100)

	1929	1932	1936	1937	1938
Importe aller Länder	100	39,2	61,9	76,9	67,1
Importe der USA	100	30,1	55,1	70,1	44,6

Quelle: The United States in the World Economy; The International Transactions of the United States During the Interwar Period. U.S. Department of Commerce, Bureau of Foreign and Domestic Commerce, Washington, 1943, S. 187, Tab. 17.

Ein weiterer Grund für das gesunkene Welthandelsvolumen ist in der Tatsache zu sehen, daß die Einkommen in vielen Ländern, insbesondere in den USA, das Niveau des Jahres 1929 noch nicht wieder erreicht hatten.

Handel und Auslandsinvestitionen der USA

Die Bedeutung dieses Arguments wird ersichtlich, wenn man berücksichtigt, daß die USA den bedeutendsten Anteil am Welthandel hatten, im Jahre 1938 allein 23 %[187]. Dabei waren die Exporte der USA von

---

[186] Diese Werte lassen jedoch keine Aussage über die Entwicklung des Index für den mengenmäßigen Außenhandel zu. Infolge internationalen Preisverfalls und Abwertung verschiedener Währungen, einschließlich des Dollar, lag der Außenhandel 1938 mengenmäßig vermutlich bedeutend höher als aus dem Wertindex hervorgeht.

besonderer Bedeutung; sie betrugen 14,2 % der Weltexporte. Die Importe entsprachen infolge des Konjunkturrückgangs hingegen nur 8,9 % der Weltimporte[188].

Bezogen auf die Höhe des Volkseinkommens war die Außenhandelsabhängigkeit der USA bedeutend geringer. Der Anteil der Exporte am Volkseinkommen betrug 1936 nur 3,7 %, der Anteil der Importe lag noch geringfügig unter diesem Wert [189].

An dem kräftigen Rückgang der Einfuhren während der Stagnation des Jahres 1938 zeigte sich die hohe Elastizität der amerikanischen Importnachfrage. Der Anteil der Importe sank sogar auf nur 2,9 % des Volkseinkommens ab, während die Auslandsnachfrage auf 4,7 % des Volkseinkommens anstieg und damit geringfügig stabilisierend wirkte.

Wertmäßig entwickelte sich der Außenhandel der Vereinigten Staaten folgendermaßen:

Tabelle 22

Außenhandel der USA
(Mio. $)

	1936	1937	1938	1939
Exporte	2 456	3 349	3 094	3 177
Importe	2 423	3 084	1 960	2 318
Saldo	+ 33	+ 265	+ 1 134	+ 859

Quelle: Statistical History of the United States, S. 550, Tab. U 116—133, und S. 552, Tab. U 134—151.

Die Struktur des amerikanischen Außenhandels wurde von dem hohen Industrialisierungsgrad des Landes bestimmt. Die Importe bestanden 1936 zu 44,6 % aus Rohstoffen, davon waren zwei Drittel industrielle Rohstoffe, der Rest Nahrungsmittelrohstoffe[190]. 20,2 % der Im-

---

[187] League of Nations, The Network of World Trade, A Comparison Volume to „Europe's Trade". Rep. by the United Nations, 1947, S. 7. Die industrialisierten Länder Kontinentaleuropas, d. h. Belgien, Deutschland, Frankreich, Italien, Luxemburg, Niederlande, Österreich, Schweden, Schweiz und Tschechoslowakei 46 %, nicht kontinentales Europa 28 %, Japan 7 %.
[188] League of Nations, S. 17 f.
[189] Berechnet nach Angaben von Statistical History of the United States, S. 550, Tab. U 116—133, und S. 552, Tab. 134—151, und Historical Statistics of the United States, S. 140.
[190] W. S. Woytinsky and E. S. Woytinsky, World Commerce and Governments. Trends and Outlooks. New York 1955, S. 130. Industrielle Rohstoffimporte waren vor allem Kautschuk, der vor Kriegsausbruch vor allem aus Asien bezogen wurde, Kupfer aus Chile, Mexiko und Peru, Mangan aus Brasilien, der UdSSR und der Türkei, Zinn aus Bolivien, Bauxit von Kuba und Britisch- und Niederländisch-Guayana. Textilstoffe aus Japan, Italien,

porte waren Halbfabrikate, die industriell weiterverarbeitet wurden. Die Einfuhren von Fertigerzeugnissen betrugen 1936 39,4 %. Knapp ein Drittel davon waren verarbeitete Nahrungsmittel. Von den industriellen Endprodukten war nur ein sehr geringer Anteil Investitionsgüter für die Industrie, der überwiegende Teil diente als Produktionsmaterial[191].

Die Exportstruktur der Vereinigten Staaten zeigt deutlich, daß das Land neben den Industrieprodukten auch einen bedeutenden Teil der Rohstoffvorkommen für die Exportwirtschaft nutzen konnte. 1937 waren 27,7 % der Exporte Rohstoffe, in der Hauptsache für die industrielle Produktion. Der Anteil der unverarbeiteten Nahrungsrohstoffe betrug nur 2,2 % der Ausfuhren. 28 % der Exportgüter waren Halbfabrikate, ebenfalls überwiegend für Industrieerzeugnisse, 43,9 % bestanden aus höherveredelten Produkten, ein Drittel davon Güter für den privaten Verbrauch, die Hälfte Kapitalgüter, der Rest Produktionsmaterial[192].

Der Handel mit dem Ausland unterlag zwar keinen direkten Restriktionen, jedoch erschwerten hohe, zum Teil diskriminierende Importzölle den Handel für einen Teil der Waren sehr. Da die meisten US-Zölle nicht wertmäßig, sondern in absoluten Beträgen angegeben sind, bedeuteten sie vor allem in den Zeiten der niedrigen Preise eine hohe Belastung der Waren.

In den Jahren 1936—1940 waren im Durchschnitt 39,5 % der Gesamtimporte zu verzollen. Der höchste Anteil lag bei verarbeiteten Nahrungsmitteln, von denen 78,7 % einem Zoll unterlagen. Von den industriellen Fertigfabrikaten wurden 56,4 % einem Zoll unterworfen, ferner 33,9 % der Halbfabrikate, industrielle Rohstoffe zu nur 22,3 %, von den Nahrungsmittelrohstoffen ebenfalls nur 25,4 %[193].

Obgleich der durchschnittliche Zollsatz gegenüber den Jahren 1931 bis 1935 (50 %) bereits gesenkt war, betrug er immer noch rund 38 %[194].

Vorderasien, Afrika und Australien. Nahrungsmitteleinfuhren bestanden vor allem aus Kaffee- und Kakaoimporten aus Lateinamerika, pflanzlichen Ölen aus Argentinien und Indien, und Zucker aus Kuba, Hawaii, Portorico, Java und den Philippinen. Vgl. The United States in the World Economy, S. 43, Tab. 4, und *K. Waltemath*, Die Abhängigkeit der Vereinigten Staaten von der überseeischen Wareneinfuhr. Jahrbücher für Nationalökonomie und Statistik, Bd. 160, Jena 1944, S. 73 ff.

[191] *W. S. Woytinsky* and *E. S. Woytinsky*, World Commerce, S. 130, und: The United States in the World Economy, S. 40. Nach Angaben dieser Untersuchung war die Struktur des Außenhandels der USA seit 1919 bis 1939 etwa gleich.

[192] The United States in the World Economy, S. 58, Tab. 6. Die Kapitalgüterausfuhren bestanden vor allem aus Eisen- und Stahlprodukten, Maschinen und Kraftfahrzeugen.

[193] *P. B. Kenen*, United States Commercial Policy: A Programme for the 1960's. In: B. Balassa, (Ed) Changing Pattners in Foreign Trade and Payments. New York 1964. S. 66, Tab. 2.

[194] Ebenda, S. 69, Tab. 6. Eine weitere Liberalisierung des Außenhandels

Dabei ist außerdem zu berücksichtigen, daß durch das System reziproker Meistbegünstigungsverträge verschiedene Länder stärkeren Diskriminierungen ausgesetzt waren[195].

Aber auch die amerikanischen Exporte wurden durch die Einführung oder Erhöhung von Präferenz- oder Schutzzöllen erschwert. Die staatliche Monopolisierung des Außenhandels durch verschiedene Länder bildete ein zusätzliches Hindernis für amerikanische Ausfuhren.

Unter dem Einfluß dieser Maßnahmen änderte sich die Richtung des amerikanischen Außenhandels[196].

Die Exporte der USA nach Europa, vor allem nach Deutschland, Italien und Großbritannien sanken von 1928 bis 1938 stärker als die Gesamtexporte. Dennoch blieb Europa Hauptabnehmer amerikanischer Waren. Geringfügig stärker sank noch der Anteil der US-amerikanischen Ausfuhren in die übrigen Gebiete Nord- und Südamerikas, obgleich die Ausfuhren in die Mineralgewinnungsländer Lateinamerikas an Bedeutung zunahmen. Nahezu $^4/_5$ der amerikanischen Exporte wurden von Europa und dem übrigen Amerika abgenommen. Zunehmende Bedeutung für die amerikanische Exportwirtschaft erhielt jedoch der asiatische Markt, besonders der japanische. In diese Gebiete wurde ein höherer Prozentsatz der Gesamtexporte als 1928 ausgeführt. Hierfür ausschlaggebend war offensichtlich der geringere Konjunkturrückgang und die kräftige Industrialisierung Südostasiens.

Die Außenhandelsbeschränkungen verschiedener Länder und die Verzerrung der Preise durch unterschiedliche Zollbelastung wirkten auch auf die richtungsmäßige Zusammensetzung der amerikanischen Importe. Obgleich der Anteil der Importe aus Asien an den Gesamtimporten 1938 genauso hoch war wie 1928, waren die japanischen Einfuhren von fast 10 % der Gesamteinfuhren auf 6,5 % zurückgegangen. Auch die Bedeutung der europäischen Einfuhren sank. Besonders betroffen waren die Einfuhren aus Großbritannien, Frankreich, Italien und Deutschland, während andere europäische Länder ihre Importanteile erhöhten, und der polnische Export nach den Vereinigten Staaten sich sogar verdoppelte.

Intensiviert wurden die Handelsbeziehungen mit den lateinamerikanischen Ländern und dem übrigen Nordamerika, der Anteil dieser Länder an den amerikanischen Importen stieg jedoch nur geringfügig.

---

wurde durch politische und wirtschaftliche Widerstände erschwert. Vgl. dazu W. B. *Kelly*, Ed. Studies in United States Commercial Policy, Chapel Hill, 1963, S. 93 ff. und S. 100 ff.

[195] K. *Schiller*, Der internationale Wettstreit in den handelspolitischen Methoden. Zeitschrift für die gesamte Staatswissenschaft, Band 99 (1939), Tübingen 1939, S. 667 ff.

[196] Vgl. Tabelle 26 im Anhang.

3. Wirtschaftliche Lage in Deutschland, Japan und USA

Der Importwert russischer Produkte hatte 1938 dieselbe Höhe wie 1928, dadurch stieg der Anteil der Importe aus der UdSSR an den amerikanischen Importen an, insgesamt spielte der Außenhandel mit der Sowjetunion jedoch eine geringe Rolle. Von größerer, jedoch abnehmender Bedeutung war der Außenhandel mit Ozeanien. Der Außenhandel mit Afrika war gering, nahm jedoch zu. Nicht nur Richtung und Struktur des amerikanischen Außenhandels änderten sich in den dreißiger Jahren gegenüber dem vorhergehenden Jahrzehnt. Bedeutend war auch die Änderung im kurz- und langfristigen Kapitalverkehr mit anderen Ländern.

Im Gegensatz zu umfangreichen Auslandsinvestitionen nach dem Ersten Weltkrieg bis zur Weltwirtschaftskrise sanken die amerikanischen Kapitalexporte erheblich. Durch hohe ausländische Kapitalimporte war die Kapitalbilanz seit 1934 positiv[197].

Ingesamt betrugen die langfristigen Auslandsinvestitionen der USA 1935 12,6 Mrd. $, mehr als die Hälfte waren Direktinvestitionen. Diese waren teilweise von amerikanischen Gesellschaften im Rahmen der Unternehmensexpansion erfolgt[198], zum Teil wurden sie jedoch auch von Unternehmen, die speziell auf ausländischen Märkten arbeiteten, getätigt[199].

Ziel dieser Unternehmen war die Erzeugung oder Beschaffung von Produkten nach dem „buy at home" Prinzip. Dadurch konnten zum Teil Zölle anderer Lieferländer vermieden werden. Gleichzeitig war jedoch auch die Sicherung der Rohstoffzufuhr beabsichtigt[200]. Höhere Gewinne wurden bei den amerikanischen Investitionen im kanadischen Bergbau und in der karibischen Landwirtschaft erwartet sowie bei Investitionen in Eisenbahnen, Banken und Versicherungen.

Die Direktinvestitionen der USA hatten 1936 folgende Höhe und Zusammensetzung:

---

[197] Von 1919—1931 betrugen die Auslandsinvestitionen der USA 3,5 Mrd. $. Dadurch war die Kapitalbilanz in diesen Jahren stark positiv. Seit 1935 strömte französisches, niederländisches und schweizer Kapital ein, da Währungsabwertungen erwartet wurden, seit dem Herbst 1938 auch wegen der politischen Instabilität in Europa. The United States in the World Economy, S. 100, 192 f. und Tab. 3.
[198] So z. B. die Investitionen von Standard Oil Co., Ford Motor Co., General Motors Corporation.
[199] Beispiele hierfür sind die American and Foreign Power Co., Tochter von Electric Bond and Share Co., sowie Chile Copper Co. und Andes Copper Co. der Anaconda Copper Mining Co.
[200] Das gilt z. B. für die Gummiplantagen der amerikanischen Reifenindustrie und die Bauxitminen der Aluminium Co. of America. The United States in the World Economy, S. 102.

3.2 Kennzahlen ökonomischer Aktivität

Tabelle 23

Amerikanische Direktinvestitionen nach Ländern und Industriegruppen (in Mio. US-$ — 1936)

	Kanada	Lateinamer. Republiken	West-europa	übrige Länder	Insgesamt
Landwirtschaft	10	400		71	482
Bergbau u. Verhüttung	239	708	43	42	1 032
Öl	108	453	275	238	1 074
verarb. Industrie	799	192	611	108	1 710
Transport	520	937	91	92	1 640
Handel	79	100	144	68	391
Sonstiges	197	57	80	28	362
Insgesamt	1 952	2 847	1 245	647	6 691

Quelle: Statistical History of The United States, S. 566, Tab. U 208—213.

Bis 1940 veränderte sich die Höhe der amerikanischen Auslandsinvestitionen nicht wesentlich[201].

Japans Außenhandel nach der Weltwirtschaftskrise

Japans industrieller Aufschwung der dreißiger Jahre war mit einer Wiederbelebung des Außenhandels verbunden, obgleich auch die japanischen Ein- und Ausfuhren das Niveau von 1928 nicht erreichten[202]. Trotz starker Abwertungen des Yen erholte sich der Außenhandel nur zögernd und war mit einem starken Preisverfall für Exportgüter und einem Preisanstieg für Importgüter verbunden[203]. Besonders erschwerend für den japanischen Außenhandel wirkte eine Reihe diskriminierender Zölle, die gegen billige japanische Waren von den Philippinen, Französisch Indochina, Kanada, Frankreich, Ägypten, Italien, der Süd-

---

[201] Nach Angaben von Historical Statistics of the United States, S. 656, Tab. U 193—206, sanken vor allem die langfristigen privaten Investitionen im Ausland. Die Direktinvestitionen waren davon jedoch weniger betroffen als die Finanzinvestitionen.

[202] Im- und Export waren 1938 wertmäßig nur halb so groß wie 1928. Die Importe betrugen 1928 1863 Mio. (neue) Golddollar, 1938 804 Mio. Golddollar, die Exporte 1928 1602 Mio. Golddollar, 1938 824 Mio. Golddollar. League of Nations, The Network of World Trade, S. 138.

[203] Die terms of trade (reales Austauschverhältnis) verschlechterten sich von 1928 = 100 auf 1937 = 60. Vgl. *G. C. Allen*, A Short Economic History of Modern Japan 1867—1937. With a Supplementary Chapter on Economic Recovery and Expansion 1945—1960, London, 7. Aufl. 1964, S. 140. In den USA verbesserte sich das reale Austauschverhältnis auf 117 (1929 = 100), für Deutschland verbesserte es sich bis 1938 auf 130. Berechnet nach Angaben des Statistischen Jahrbuchs für das Deutsche Reich 1941/42, S. 201.

74   3. Wirtschaftliche Lage in Deutschland, Japan und USA

afrikanischen Union und Britisch Westafrika eingeführt wurden[204]. Ein reziproker Handelsvertrag mit den USA scheiterte wegen der Gefahr der Überflutung Amerikas mit billigen japanischen Gütern. Indonesien brachte 40 % der Gesamtimporte unter Regierungsaufsicht[205]. Hingegen waren 1935 nur 30 % der japanischen Importe einem Wertzoll in Höhe von 20 % unterworfen[206].

1937 wurde jedoch durch höheren Bedarf an Rohstoffimporten bei einem Rückgang der Exporte die Handelsbilanz stark passiv, so daß auch in Japan eine Kontrolle des Außenhandels erforderlich wurde. Ein- und Ausfuhren wurden nach einem Koppelungssystem abgewickelt, der Außenhandel mit Ländern des Yen-Blocks war davon jedoch nicht betroffen. Erst 1939 wurde ein Gesetz geschaffen, wonach auch Exporte in diese Gebiete beschränkt werden konnten[207].

Unter dem Einfluß dieser Außenhandelsbeschränkungen entwickelten sich die japanischen Ex- und Importe folgendermaßen:

Tabelle 24

Außenhandel Japans (Mio. Yen)

	1936	1937	1938	1939
Exporte	2 692,9	3 175,4	2 689,6	3 576,3
Importe	2 763,6	3 783,1	2 663,3	2 917,6
Saldo	— 70,7	— 607,7	+ 26,3	+ 658,7

Quelle: J. B. Cohen, S. 13, Tab. 3. Die Ex- und Importe des Yen-Blocks (Mandschurei, Nord-China, Kwantung-Pachtgebiet) und Südsachalins sind als Außenhandel Japans erfaßt. Die Ex- und Importe Koreas und Formosas sind nicht angegeben.

Der Anteil Japans[208] an den Weltexporten betrug somit im Jahre 1938 3,7 %, an den Weltimporten 3,3 %[209].

Bezogen auf die Höhe des japanischen Volkseinkommens betrugen die japanischen Exporte 1938 14,5 % des Volkseinkommens, die Importe 14,2 %[210]. Wegen der größeren Zuwachsraten beim Volkseinkommen

---

[204] *I. Asahi*, S. 186 f.
[205] Ebenda, S. 188.
[206] Ebenda, S. 182, Tab. 77. Höhere Zollsätze bestanden für verarbeitete Nahrungsmittel.
[207] *J. B. Cohen*, S. 14 f. Da die Preise in Nordchina und der Mandschurei höher waren als in Japan, waren die Ausfuhren in diese Gebiete gewinnbringend.
[208] Korea und Formosa eingeschlossen.
[209] League of Nations, S. 17 f.
[210] Berechnet nach Angaben der League of Nations, The Network of World Trade, S. 138, und *K. Ohkawa*, The Growth Rate, S. 232, Tab. 1. Nach Angaben

3.2 Kennzahlen ökonomischer Aktivität

war jedoch die Außenhandelsquote in den dreißiger Jahren erheblich gesunken[211].

Besonders ungünstig wirkte sich der Nachfragerückgang der Vereinigten Staaten auf die japanische Wirtschaft aus. 1928 nahmen die USA noch über 40 % der japanischen Exporte auf, die insgesamt einen Wert von 660 Mio. Dollar ausmachten. Bis 1938 sank der Wert japanischer Exporte nach den USA auf weniger als ein Fünftel, der Anteil dieser Ausfuhren an der Gesamtausfuhr betrug nur noch 15,5 %. Durch die erheblichen Strukturwandlungen und Steigerungen des Volkseinkommens war Japan jedoch verstärkt auf den Import amerikanischer Industrieerzeugnisse, vor allem Maschinen und anderer Fertigfabrikate, angewiesen, der Importanteil amerikanischer Waren stieg darum von 26,8 auf 33,2 %. Der steigende Bedarf an Rohstoffimporten wurde soweit wie möglich durch Länder des Yen-Blocks gedeckt. Von 1937 bis 1939 verdoppelte sich der Anteil dieser Länder am gesamten japanischen Außenhandel[212]. Besonders die Mandschurei gewann als Exportmarkt an Bedeutung, 1938 wurden dort 34,4 % der japanischen Ausfuhren abgesetzt, 1935 waren es erst 18,8 % gewesen[213].

Obwohl man in Japan hoffte, durch die reichen Bodenschätze der Mandschurei vom Weltmarkt unabhängig zu werden, konnten die Importe aus der Mandschurei im selben Zeitraum nur um 80 % gesteigert werden. Das lag vor allem daran, daß der natürliche Reichtum des Landes erst erschlossen werden mußte. Vorrangig wurde jedoch der Ausbau der südmandschurischen Eisenbahn betrieben, deren Streckennetz von 1933 bis 1939 von 6 000 auf 10 000 Kilometer erweitert wurde. Im Rahmen eines Fünfjahresplans sollte die allgemeine Industrialisierung des Landes besonders zu einer Steigerung der Ausbeutung natürlicher Ressourcen und deren Verarbeitung in kriegswichtigen Industrien führen[214]. Im Untersuchungszeitraum konnte die japanische Wirtschaft jedoch noch nicht im vorgesehenen Ausmaß Nutzen daraus ziehen, da

---

von Lockwood lag die Export- und Importabhängigkeit sogar über 20 % des Volkseinkommens. W. W. *Lockwood*, S. 315, Tab. 27.
[211] 1928 lag die Importabhängigkeit bei 34,6 % des Volkseinkommens, die Exportabhängigkeit bei 29,8 % des Volkseinkommens. K. *Ohkawa*, The Growth Rate, S. 114, Tab. 8, und The League of Nations, S. 138.
[212] J. B. *Cohen*, S. 16, Tab. 16, und League of Nations, The Network of World Trade, S. 138.
[213] Ebenda. Damit ist offensichtlich auch der Handel mit dem Kwantung-Pachtgebiet erfaßt.
[214] J. B. *Cohen*, S. 38 ff. Die Schwerindustrie sollte die Eisenproduktion auf 5 Mio. Tonnen (1938 = 2 Mio. t), die Stahlproduktion und die Produktion flüssiger Brennstoffe auf 2 Mio. t steigern. Eine Aluminium- und Magnesiumverarbeitende Industrie sollte aufgebaut werden, ebenso eine Auto-, Flugzeug- und Werkzeugmaschinenindustrie. Die Kohlenlager und ein großangelegter Ausbau der Elektrizitätsgewinnung sollten dafür als Energiespender genutzt werden.

es sich als außerordentlich schwierig erwies, den Ausbau der mandschurischen Wirtschaft voranzutreiben[215].

Deswegen mußten die japanischen Rohstoffimporte von den Philippinen und Malaya erhöht werden, der Anteil beider Länder an den japanischen Einfuhren verdoppelte sich gegenüber 1928[216].

Die fortschreitende Industrialisierung Japans wirkte sich auch auf den Außenhandel mit den europäischen Ländern aus. Japan bezog 1938 relativ weniger Güter aus Europa, als es dorthin exportierte. Für eine beträchtliche Gruppe von Waren war die Industrieproduktion gegenüber 1928 so stark gestiegen, daß der Importbedarf sank oder sogar ein Exportüberschuß auftrat[217]. Einen Eindruck über die Richtung des japanischen Außenhandels gibt die Statistik über die Zusammensetzung des japanischen Außenhandels im Anhang.

Die Struktur des japanischen Außenhandels änderte sich in den Jahren 1936—1939 entsprechend den politischen Zielsetzungen. Gegenüber früheren Jahren sank der Anteil der Rohstoffimporte geringfügig auf 56 % der Gesamtimporte[218]. Der Anteil der Eisen-, Schrott- und sonsti-

---

[215] Vgl. *J. B. Cohen*, S. 40 f.
[216] Nahezu die gesamte Eisenerzförderung der Philippinen lag in japanischen Händen. Desgleichen verfügte Japan über Bergbaubeteiligungen in China, den malayischen Staaten und Australien. *W. Classen*, S. 49.
[217] Das gilt vor allem für chemische Düngemittel, Farben und Farbstoffe, Drogen und Medikamente. *E. Schultze*, Die Exportstöße der japanischen Industrie. Jahrbücher für Nationalökonomie und Statistik. Bd. 146, Jena 1937, S. 218.
[218] 1930—1934 betrug er 58,2 %. *W. W. Lockwood*, S. 353, und: Die wirtschaftlichen Kräfte Japans, S. 51 ff. Importabhängigkeit bestand vor allem für Rohbaumwolle, die vollständig importiert werden mußte. 16,5 % des Bedarfes lieferten die Mandschurei, Korea und China. Größere Mengen lieferten Indien und die USA. Die Bedeutung der Baumwollimporte sank jedoch von 1936 bis 1938 um rund 50 % auf 16,5 % des Importwertes. Kautschuk wurde zu 100 % importiert. Einfuhrabhängigkeit bestand ferner bei fast allen Metallen. Wichtigste Lieferländer für Eisenerz, Roheisen und Stahl waren neben den oben erwähnten Britisch-Indien und Rußland, für Schrott auch die USA. Zink wurde zu 56 % aus Britisch-Indien, 22,4 % aus Mexiko bezogen. China und Mandschukuo lieferten weitere 17,7 %. 90 % der japanischen Kupferimporte stammten aus den USA. Mehr als 90 % des Importbedarfs an Zinn wurde durch Brit.-Malaya gedeckt. Blei lieferten die USA, Kanada und Australien, seit 1938 auch Mandschukuo. Die Hälfte des japanischen Einfuhrbedarfs an Magnesit wurde ebenfalls durch Mandschukuo gedeckt, den Rest lieferten die Kwantung-Provinzen. Reiche Bauxitvorkommen Nordchinas sollten die Abhängigkeit Japans von Kanada, der Schweiz und Norwegen beseitigen. Die Importabhängigkeit bei Energierohstoffen war besonders hoch bei Mineral- und Schwerölen. Trotz mandschurischer Exporte nach Japan bestand eine Abhängigkeit von US-Importen in Höhe von fast $^3/_4$ des Bedarfes. 13 % der Importe stammten aus Niederl.-Indien, 8,1 % aus Brit.-Borneo. (Japanische Bemühungen um Direktinvestitionen bei Erdöl in den USA, Niederl.-Indien und in China waren wenig erfolgreich.) Kohle wurde vor allem aus China und Mandschurei, in sinkendem Ausmaß auch aus Franz.-Indochina eingeführt.

gen Metallimporte verdreifachte sich jedoch zwischen 1936 und 1938, verdoppelte seinen Anteil an den Gesamteinfuhren. Rohstoffeinfuhren für die Textilindustrie verloren erheblich an Bedeutung. Abhängigkeit bestand vor allem gegenüber Lieferungen aus den USA, Großbritannien und seinem Empire. Die Abhängigkeit des japanischen Stammlandes von ausländischem Angebot und Bedarf wird jedoch nur ungenau durch diese Angaben gekennzeichnet, da der Handel mit dem Yen-Block hierin nicht enthalten ist.

Die japanischen Nahrungsmittelimporte betrugen 7,6 % der Gesamtimporte, meist Rohstoffe, die in Japan verarbeitet und reexportiert wurden. 6,8 % der Ausfuhren waren verarbeitete Nahrungsmittel, 1,6 % Nahrungsrohstoffe, so daß insgesamt Autarkie in der japanischen Ernährungswirtschaft bestand[219]. Der Anteil der Halbfabrikate an den japanischen Importen betrug 1935—1938 23,9 % und stieg wie auch die Fertigwarenimporte, die 12,4 % der Importe ausmachten, von 1936 bis 1938 um rund 50 %[220].

Die Zusammensetzung der japanischen Ausfuhren änderte sich im Untersuchungszeitraum ebenfalls, jedoch weniger stark als die Importstruktur. Die Ausfuhr industrieller Rohstoffe sank weiter und hatte 1938 nur noch einen Anteil von 4,3 % an den Gesamtexporten[221].

Die Bedeutung der japanischen Rohseide und Seidengewebe als Exportgut ging von 1936—1938 weiter zurück. Ihr Anteil an den Exporten betrug nur noch 15 %[222]. Auch der Prozentsatz anderer Textilerzeugnisse

---

[219] W. W. *Lockwood*, S. 354 ff. Der Importanteil von Fleisch, Fischen und Molkereiprodukten, Weizen und Reis sank jedoch von 1936—1938 stark und war 1938 fast ohne Bedeutung. Vgl. Die wirtschaftlichen Kräfte Japans, (I), S. 110. Die Kolonien, vor allem Korea und Mandschukuo lieferten rund 13 % des japanischen Bedarfs an Reis, 70 % des Bedarfs an Sojabohnen, die jedoch zum Teil für Exporte von Sojaöl benötigt wurden. 85 % des in Japan verarbeiteten Rohzuckers stammen aus Formosa. Ein Viertel des japanischen Fischfangs kam aus koreanischen Gewässern, ein hoher Prozentsatz aus den Gewässern Süd-Sachalins. *M. Schwind*, S. 17 ff. und: Die wirtschaftlichen Kräfte Japans (I), S. 9, und S. 48. Nahrungsmittelexporte bestanden vor allem aus Fischkonserven, Sojaöl und Tee für die USA, in geringerem Umfang auch für Europa.
[220] Die wirtschaftlichen Kräfte Japans, (I), S. 108, und W. W. *Lockwood*, S. 354. Durch die Steigerung der Kriegsproduktion stieg auch die Abhängigkeit von amerikanischen Maschineneinfuhren. Weitere Investitionsgüter-Importe erfolgten aus England und Deutschland, die Spezialmaschinen und Produktionsmaterial lieferten. Vgl. *M. Schwind*, S. 247, und W. W. *Lockwood*, S. 325.
[221] Die wirtschaftlichen Kräfte Japans, (I), S. 111, und W. W. *Lockwood*, S. 354. Exportüberschüsse konnten nur durch den Verkauf meist in den Kolonien erzielter Produktionsüberschüsse bei Schwefel, Magnesit, Soda, Talkpulver, Superphosphaten und Schwefelsäure erreicht werden. *M. Schwind*, S. 96 ff. und: Die wirtschaftlichen Kräfte Japans, (I), S. 80 und 91 ff.
[222] 1929 rund 45 %. Die Nachfrage der Vereinigten Staaten sank um 50 %, die Exporte nach Hongkong, Mandschukuo und Kwantung konnten nur ge-

an den Ausfuhren sank, ihr Anteil betrug 1938 jedoch noch über 30 %[223]. An Stelle dieser Produkte gewannen die Erzeugnisse der chemischen Industrie und der Schwerindustrie an Bedeutung. Der Anteil der Halbfabrikate an den Ausfuhren sank auf 26 %, im selben Ausmaß stieg der Anteil der Fertigfabrikate an den Gesamtexporten auf 56,6 %[224].

Der Exportwert von Fertigerzeugnissen stieg vor allem bei Maschinen und Maschinenteilen, Fahrzeugen und Schiffen[225]. Japan war bemüht, die Rohstoffzufuhr durch Investitionen in den Gewinnungsländern weiter auszubauen. Japanische Direktinvestitionen im Ausland wurden jedoch durch die ablehnende Haltung vieler Länder gegen japanische Einflüsse[226], vor allem aber auch durch ein japanisches Gesetz gegen Kapitalflucht vom Mai 1933 erschwert[227]. Kapitalausfuhren erfolgten deswegen vor allem in Länder des japanischen Einflußbereichs. 1934 betrugen die gesamten japanischen Direktinvestitionen im Ausland 3,0 Mrd. Yen. Davon waren fast die Hälfte Direktinvestitionen in der Mandschurei, der Rest verteilte sich auf das übrige China[228]. Nach der Gründung des Staates Mandschurei stiegen die Investitionen stark an, 1938 betrugen sie 3,6 Mrd. Yen, 1941 waren sie doppelt so hoch[229]. Die mandschurische Eisenbahn war weitgehend mit japanischem Kapital finanziert. Tochtergesellschaften der südmandschurischen Eisenbahngesellschaft arbeiteten auf dem Gebiet des Gold- und Erzbergbaues, der Kohle- und Erdölgewinnung. Nach 1934 wurden ferner Unternehmen zur Eisen- und Stahlverarbeitung gegründet, eine Leichtmetall-

---

ringfügig erhöht werden. Die wirtschaftlichen Kräfte Japans (I), S. 111, und G. C. Allen, A Short Economic History, S. 157.
[223] Wertmäßig sanken die Baumwollausfuhren von 1935—1939 um 9 %, der Anteil an der Gesamtausfuhr sogar um 36 %. Hauptabnehmer waren die asiatischen Länder und die Südsee sowie Lateinamerika. K. Hax, S. 273 und G. C. Allen, Short Economic History, S. 15 A.
[224] W. W. Lockwood, S. 354.
[225] Der Anteil dieser Gütergruppen an den Ausfuhren verdoppelte sich von 1936—1938 auf 10 %. Die wirtschaftlichen Kräfte Japans (I), S. 111. Der Handel mit diesen Gütern spielte sich vor allem mit der Mandschurei, Korea und Formosa ab. Exportiert wurden Elektromaschinen und Krafterzeugungsanlagen zum Ausbau der Energiewirtschaft in Korea und Mandschukuo, Textilmaschinen nach China, Indien und den japanischen Besitzungen, Fahrräder nach Südostasien, Brit.-Indien, Südamerika und Afrika, Lokomotiven und Eisenbahnmaterial nach Korea und in die Mandschurei. K. Hax, S. 318 und 324 f. und W. W. Lockwood, S. 366 f., und E. Schultze, S. 215.
[226] In Australien war es Japanern beispielsweise verboten, im Bergbau tätig zu sein. Seit Juli 1938 verhinderte ein Exportembargo auch die Zufuhr australischer Erze. Eine japanische Handelsgesellschaft, die die Erschließung einer Eisenerzmine in Westaustralien finanziert hatte, wurde dadurch finanziell ruiniert. I. Asahi, S. 229 f.
[227] M. Takahasi, The Development of War Time Economic Controls. In: The Developing Economies. Institute of Asian Economic Affairs. Tokyo 1967, S. 656.
[228] W. W. Lockwood, S. 261 f.
[229] Ebenda, S. 535, und J. B. Cohen, S. 39.

industrie aufgebaut und ein Automobilwerk sowie ein Flugzeugwerk gegründet.

Private japanische Konzerne investierten auch in Korea beachtliche Beträge. 90 % der Elektrizitätsgewinnung wurden durch japanisches Kapital aufgebaut. Japanische Beteiligungen ermöglichten die Gründung von Unternehmen der Magnesium-, Kohle-, Aluminium- und zinkverarbeitenden Industrie. Investitionen erfolgten auch zur Erschließung von Erdöl und Produktion von synthetischem Öl[230].

Japanisches Kapital in Nordchina war ebenfalls über die gesamte Industrie gestreut. Mit staatlichen Mitteln erfolgte ferner ein Ausbau der Infrastruktur und die Erschließung der Bodenschätze. Geringe Mittel wurden seit 1938 zur Erschließung Zentralchinas bereitgestellt[231].

Diese Investitionen brachten eine außerordentlich hohe Verzinsung, die vielfach 30 % und mehr erreichte. In Japan selbst ergab sich dadurch jedoch ein Engpaß auf dem Kapitalmarkt, der seit September 1937 eine staatliche Kontrolle des Kapitalmarktes und die Lenkung der Investitionen von März 1938 an erforderlich machte[232].

Richtung und Zusammensetzung des deutschen Außenhandels

Um die deutschen Auslandsschulden nicht durch eine Abwertung zu erhöhen, wurde eine Korrektur der Wechselkurse, wie sie zur Überwindung der Weltwirtschaftskrise von vielen Ländern vorgenommen wurde, in Deutschland vermieden. Dadurch war es für die Exportwirtschaft wenig reizvoll, Güter zu exportieren, zumal der Preisindex für die Ausfuhrgüter weit unter den Stand von 1929 gesunken war[233]. Aus diesem Grunde mußte seit 1934 eine Devisenbewirtschaftung vorgenommen werden, die bald zu einer Genehmigungspflicht sämtlicher Importgeschäfte führte[234]. Darüber hinaus führte die staatliche Ausgabenpolitik, verbunden mit einer Lohn- und Preiskontrolle, zu Verzerrungen im Preisgefüge gegenüber dem Weltmarkt, was sich in den späteren Jahren vermutlich noch defiziterhöhend ausgewirkt hätte.

Die Orientierung der Außenhandelspolitik an Schachts „Neuem Plan" ermöglichte jedoch eine, den politischen Prioritäten entsprechende För-

---
[230] 1940 war 97 % der chemischen Industrie in japanischen Händen, 80 % der Textilindustrie, der Mehl- und Reismühlen, 93 % der Metall- und Maschinenindustrie, 97 % der Zementunternehmen, 94 % der Holzindustrie und 36 % der Drogen- und Medikamentproduktion. *J. B. Cohen*, S. 36.
[231] Für die North China Development Company wurden 350 Mio. Yen aufgebracht, für die Central China Development Company 100 Mio. Yen.
[232] Die wirtschaftlichen Kräfte Japans (II), S. 6 ff.
[233] Statistisches Jahrbuch für das Deutsche Reich 1940/41; Hrsg. Statistisches Reichsamt, 59. Jhg., S. 201, intern. Teil, Berlin 1941.
[234] „Die Wirtschaftskurve", hrsg. unter Mitwirkung der Frankfurter Zeitung, Jhg. 1934/35, S. 171 und 179 f., mit einer chronologischen Darstellung der Maßnahmen, die zu dieser Einfuhrregelung führten.

derung bestimmter Bereiche durch die staatlichen Überwachungsstellen. Durch bilaterale Verrechnungsabkommen und Kompensationsgeschäfte bemühte man sich, den Devisenmangel auszugleichen. Ausfuhren wurden in besonderen Fällen dadurch unterstützt, daß Ausgleichskassen aus steuerähnlichen Mitteln Entschädigungen zahlten[235]. Das System der Außenhandelslenkung erleichterte die Umstrukturierung des Außenhandels auch insofern, als die Handelspartner nach strategischen oder politischen Interessen ausgewählt werden konnten[236]. 1936 war jedoch das Außenhandelsvolumen noch um mehr als zwei Drittel niedriger als 1929[237].

Der konjunkturelle Aufschwung in den USA in den Jahren 1936 und 1937 und die internationale Aufrüstung belebten die Nachfrage nach deutschen Exportgütern[238], so daß die Ausfuhren um 18 % stiegen. Der Zustrom an Devisen konnte dazu benutzt werden, die Importe um 30 % zu steigern[239]. Der Nachfragerückgang von 1938 führte jedoch zu einer erneuten Senkung des Welthandels; erst 1939 stiegen die Exporte Deutschlands wieder an, während die Importe leicht zurückgingen[240].

Der Außenhandel Deutschlands erreichte folgende Höhe:

Tabelle 25

Die Entwicklung des Außenhandelsvolumens in Deutschland (in Mio. RM)

	1936	1937	1938	1939
Einfuhr	4 218	5 468	5 449	5 207
Ausfuhr	4 768	5 911	5 257	5 653
Überschuß	+ 550	+ 143	− 192	+ 446

Quelle: Statistisches Handbuch von Deutschland, S. 392.

Der Anteil der Exporte am Volkseinkommen sank dabei von 7,2 % 1936 auf 6,4 % 1938[241], die Importquote stieg leicht an und betrug 1936

---

[235] G. *Stolper*, K. *Häuser*, K. *Borchardt*, Deutsche Wirtschaftspolitik seit 1870, Tübingen 1964, S. 166 f.
[236] W. *Fischer*, Deutsche Wirtschaftspolitik 1918—1945, 3. verb. Auflage mit einem Tabellenanhang von P. Czada, Opladen 1968, S. 72 ff. Vgl. auch A. *Schweitzer*, The Role of Foreign Trade in the Nazi War Economy. The Journal of Political Economy, Vol. 51, Chicago, Ill. 1943, S. 323.
[237] Vgl. dazu F. F. *Wurm*, Wirtschaft und Gesellschaft in Deutschland 1848 bis 1948. Opladen 1969, S. 252.
[238] D. *Petzina*, S. 110.
[239] Gleichzeitig stiegen die Weltmarktpreise für Rohstoffe, so daß die Importerhöhung mengenmäßig geringer war. Vgl. ebenda, S. 110 f.
[240] Ebenda, S. 112 f.
[241] Bezogen auf das Volkseinkommen gemäß offizieller Statistik.

3.2 Kennzahlen ökonomischer Aktivität

6,4 % des Volkseinkommens, 1938 6,7 %. Auf Deutschland entfielen somit 10,2 % der Weltimporte, an den Weltexporten beteiligte sich Deutschland mit 9,9 %.

Die Struktur des Außenhandels entsprach dem hohen Industrialisierungsstand des Deutschen Reiches. 1936 waren 35,5 % der deutschen Importe Nahrungsmittel, die vorwiegend aus europäischen Ländern und Lateinamerika kamen[242]. Noch bedeutender als die Nahrungsmittelimporte waren die Rohstoffeinfuhren, die 39,9 % der deutschen Importe ausmachten[243]. Außenhandelsabhängigkeit bestand hier vor allem von den westeuropäischen Ländern. Ein Teil des Erzbedarfs konnte auch von den Balkanländern und Polen gedeckt werden. Für verschiedene Veredelungsprodukte, Erdöl und Textilrohstoffe bestand eine starke Abhängigkeit gegenüber amerikanischen Lieferungen.

Die Fertigwareneinfuhren des Deutschen Reichs betrugen nur 24,5 % der Importe[244], besonders enge Handelsbeziehungen bestanden auch für diese Produkte mit den europäischen Ländern, für Fahrzeuge und Flugzeuge auch mit den USA. Dagegen galt Deutschland als wichtiger Lieferant von Industrie-Erzeugnissen, die 87,3 % der deutschen Exporte

---

[242] F. von Bismarck-Osten und T. D. Zotschew, S. 252, Tab. 6. Wertmäßig von besonderer Bedeutung waren die Importe von Butter, Fleisch und Fleischwaren und Eiern aus Dänemark, Belgien, Luxemburg, den Niederlanden, Schweden, Argentinien, Polen und Jugoslawien, Ungarn und Bulgarien. Getreideimporte stammten fast zur Hälfte aus Argentinien, etwa 20 % lieferten Bulgarien, Jugoslawien, Rumänien und Ungarn. Obst und Südfrüchte kamen vor allem aus Griechenland, Italien und Spanien, Ölfrüchte aus Mandschukuo, Britisch-Indien und Nigeria, Kaffee aus Lateinamerika. Vgl. Statistisches Jahrbuch für das Deutsche Reich 1938, S. 266 ff.
[243] F. von Bismarck-Osten und T. D. Zotschew, S. 252, Tab. 6. Für die Kriegswirtschaft von besonderer Bedeutung war vor allem der Mangel an Erzen. Mehr als die Hälfte des Bedarfes an ausländischem Eisenerz wurde von Schweden gedeckt. Bedeutend waren jedoch auch die Importe aus Spanien und seinen Besitzungen, Frankreich, Belgien, Luxemburg und Norwegen. Wichtigster Lieferant von Kupfererzen und Kalirohsalzen waren die Niederlande. Aus Jugoslawien stammten ein Viertel der Bleierzimporte. Griechenland, Jugoslawien und Ungarn lieferten mehr als zwei Drittel der Bauxit- und Kryolith-Einfuhren. Rohphosphate kamen aus den USA, Nordafrika und der Sowjetunion, die außerdem Manganerze, Ferrolegierungen und Kraftstoffe sowie Holz- und Holzmasse und Textilrohstoffe in geringem Umfang nach Deutschland exportierte. Belgien und Luxemburg waren ferner bedeutende Lieferanten von Alteisen, Eisenhalbzeug, Zink, Blei und Kupfer. Letzteres wurde jedoch vor allem aus Rhodesien, den USA, Großbritannien und Jugoslawien bezogen. Zinn lieferten die Niederlande und ihre Kolonien. Hauptlieferant von Zink war Polen. Erdöl wurde hauptsächlich aus Amerika importiert. Bis 1939 stiegen jedoch die Ölimporte aus Rumänien auf über 20 % der Einfuhren. Durch das deutsch-rumänische Abkommen von 1939 sollten die Erdöl- und Erzreserven des Landes verstärkt ausgebeutet werden. Statistisches Jahrbuch 1938, S. 269 ff. und 1941/42, S. 67. Vgl. auch B. H. Klein, S. 61 f.
[244] Davon waren etwa die Hälfte Endprodukte, der Rest wird im Statistischen Jahrbuch für das Deutsche Reich 1938, S. 271, als Halbwaren klassifiziert. F. von Bismarck-Osten und T. D. Zotschew, S. 252, Tab. 6. Darunter

ausmachten. Davon waren rund 15 % Maschinen[245]. Handelspartner waren auch hierfür vor allem die europäischen Industrieländer, der Handel mit den südosteuropäischen Ländern wurde intensiviert. Auch Lateinamerika gewann als Exportmarkt an Bedeutung. Brasilien, Argentinien, Mexiko und Kolumbien waren Hauptabnehmer deutscher pharmazeutischer Präparate, die ebenso wie elektrotechnische Erzeugnisse eine wichtige Stellung im Welthandel inne hatten.

Die deutschen Rohstoffexporte waren hingegen sehr gering. Sie betrugen 10,8 % der deutschen Exporte und bestanden vor allem aus Steinkohlenausfuhren. Nahrungsmittelausfuhren waren nur 1,6 % der deutschen Exporte. Sie übertrafen die Einfuhren nur bei Bier, Hopfen und Malz[246].

Durch die Anstrengungen zur Erlangung größerer Unabhängigkeit vom Welthandel, gelang es insgesamt jedoch, die Außenhandelsabhängigkeit der deutschen Industrie zu senken[247]. Auch die Länder, denen gegenüber eine solche Abhängigkeit bestand, waren infolge der staatlichen Außenhandelslenkung andere[248].

Um im Kriegsfall nicht von den Handelspartnerländern abgeschnitten werden zu können, wurde besonders der Handel mit Südosteuropa und anderen agrarischen Ländern ausgebaut. Durch die bilateralen Handelsverträge mit diesen Ländern erhielten die deutschen Industrieprodukte eine monopolähnliche Stellung[249]. Dadurch sank der Anteil des Außenhandels mit den Ländern, die reicher als Deutschland waren, von

---

waren Textilien aus Großbritannien, Österreich und der Tschechoslowakei, Eisenprodukte aus Belgien, Luxemburg, Schweden, Polen, Österreich und der Tschechoslowakei, Maschinen und Fahrzeuge aus den europäischen Industrieländern, in geringerem Umfang Spezialmaschinen aus den USA. Statistisches Jahrbuch für das Deutsche Reich 1938, S. 273 ff.
[245] Das entsprach knapp einem Drittel der Weltausfuhren von Maschinen. *F. v. Bismarck-Osten* und *T. D. Zotschew*, S. 253, Tab. 7. Bedeutende Abnehmer von Werkzeugmaschinen waren die UdSSR, Großbritannien, Italien und Japan. Maschinen für die leder- und textilverarbeitende Industrie wurden vor allem von Brasilien, der Tschechoslowakei, Großbritannien, den Niederlanden, Italien und Frankreich abgenommen, Kraftfahrzeuge von Schweden, Belgien, Luxemburg, den Niederlanden, Italien, Ungarn, der Tschechoslowakei und China. Statistisches Jahrbuch für das Deutsche Reich 1938, S. 278 ff. Schätzungsweise ein Viertel der Industrieexporte waren Halbfabrikate. Vgl. Statistisches Jahrbuch für das Deutsche Reich 1938, S. 265.
[246] *F. von Bismarck-Osten* und *T. D. Zotschew*, S. 252, Tab. 6, und Statistisches Jahrbuch für das Deutsche Reich 1938, S. 267 f.
[247] Die Außenhandelsabhängigkeit der gesamten Industrie sank von 1935/36 bis 1937/38 um rund 10 %. Vgl. *W. G. Hoffmann*, Wachstum, S. 158, Tab. 70, und S. 163, Tab. 75.
[248] Vgl. die Tabelle über die Ausfuhren Deutschlands in verschiedene Länder und Kontinente im Anhang.
[249] *A. O. Hirschmann*, National Power and the Structure of Foreign Trade, Berkeley and Los Angeles 1945, S. 36.

3.2 Kennzahlen ökonomischer Aktivität

1929—1938 um fast 25 % auf ein Drittel des deutschen Außenhandels[250]. Besonders stark rückläufig war der Anteil der Exporte nach den Vereinigten Staaten, nach Frankreich, der Schweiz, Großbritannien und der Sowjetunion, der Tschechoslowakei und Polen. Der Importanteil dieser Länder an den deutschen Gesamteinfuhren ging ebenfalls zurück.

Ausgedehnt wurde der Anteil Afrikas und Asiens am deutschen Außenhandel. Besonders stark stieg der Anteil schwedischer Importe, vor allem der Erze, der sogar wertmäßig zunahm. Aber auch die Bemühungen Deutschlands um eine Intensivierung des Außenhandels mit den südosteuropäischen Ländern führten zu einer Steigerung des Außenhandelsanteils dieser Länder. Die deutschen Importe aus Rumänien, Bulgarien, Griechenland, Jugoslawien und Ungarn stiegen anteilmäßig von 1935—1937 allein um 25 %, während die deutschen Exporte sogar um über 60 % an Bedeutung zunahmen[251]. Obgleich die Einfuhren aus diesen Ländern 1937 nur insgesamt 10,2 % der deutschen Importe ausmachten[252], stieg die Abhängigkeit dieser Länder vom Deutschen Reich dadurch erheblich. Nach Angaben von Mitznitzky entsprachen den Importen Deutschlands 47 % der Exporte Bulgariens, 32 % der Exporte Griechenlands, 41 % der Exporte Ungarns, 35 % der Exporte Jugoslawiens und 27 % der Exporte Rumäniens[253].

Der gesamte Handel mit Osteuropa betrug vor dem Kriege 15,1 % der deutschen Einfuhren und 16,1 % der Ausfuhren[254]. Deutsche Investitionen im Ausland waren nach 1935 nicht mehr möglich, da der freie Kapitalverkehr durch die Ablieferungspflicht für ausländische Devisen und das Verbot über den Ex- und Import deutschen Geldes unterbunden wurde. Ausländische Guthaben in Deutschland wurden dazu genutzt, den Devisenmangel im Außenhandel zu mildern. Das neue Devisengesetz von 1939 zwang ausländisches Kapital, in Deutschland zu bleiben[255]. Die Vereinbarungen über den Außenhandel ermunterten jedoch

---

[250] Ebenda, S. 37. Diese Länder, geordnet nach der Höhe des realen Einkommens je Erwerbstätigen waren die USA, Kanada, Neuseeland, Großbritannien, Schweiz, Australien, Holland, Irland, Frankreich, Dänemark und Schweden.

[251] Statistisches Jahrbuch für das Deutsche Reich 1938, S. 281. Gegenüber 1929 verdreifachte sich der Importanteil der Balkanländer sogar. Vgl. *B. H. Klein*, S. 61, Tab. 18.

[252] 1939 betrugen die Einfuhren aus diesen Ländern 16,9 % der Gesamtimporte. Statistisches Jahrbuch für das Deutsche Reich 1941/42, S. 321.

[253] *M. Mitznitzky*, Germany's Trade Monopoly in Eastern Europe. Social Research, Vol. 6, 1939, S. 33, Tab. V.

[254] *F. von Bismarck-Osten* und *T. D. Zotschew*, Der deutsche Außenhandel im Rahmen der Welthandelsentwicklung. Vergleich des Exportes der wichtigsten Industrieländer. Weltwirtschaftliches Archiv, Band 69, Hamburg 1952, S. 256.

[255] *A. Schweitzer*, The Role of Foreign Trade, S. 324. Nach Angaben von *G. Stolper, K. Häuser* und *K. Borchardt*, S. 116, betrugen die deutschen Investitionen im Ausland 1931 10 Mrd. Mark.

Investitionen in die Erschließung von Rohstoffquellen in Südosteuropa und in Baumwollplantagen in Lateinamerika, die sonst wegen mangelnder Rentabilität unterblieben wären.

Vergleich der Außenhandelsabhängigkeit der Länder

Die Art der international gehandelten Produkte läßt den Schluß zu, daß Deutschland und die USA über ein vergleichbares technisches Wissen verfügten. Entsprechend der Leistungsfähigkeit der Industrie bestanden die deutschen Exporte größtenteils aus Fertigerzeugnissen, besonders Maschinen und anderen hochwertigen Erzeugnissen. Auch ein bedeutender Teil der amerikanischen Ausfuhren waren Spezialmaschinen und andere industrielle Endprodukte. Beachtlicherweise bestand jedoch auch mehr als die Hälfte der japanischen Exporte aus Fertigfabrikaten, die qualitativ häufig auf niedrigerem Niveau waren als die der westlichen Industrieländer. Japan holte den Vorsprung dieser Länder allmählich auf. Sein Absatzmarkt lag vor allem in Asien und in anderen Ländern mit niedrigen Einkommen, da die Produkte relativ billig waren. Für Ausfuhren anderer Länder in diese Gebiete entstand daher ein starker Konkurrenzdruck[256].

Der Vergleich der Außenhandelsstruktur der Länder zeigt ferner, daß die USA trotz ihrem hohen Industrialisierungsstand infolge ihres großen und reichen Wirtschaftsgebiets weniger außenhandelsabhängig waren als Deutschland und Japan. Der Reichtum an Bodenschätzen ist ein Grund dafür, daß die amerikanische Außenhandelsstruktur nicht den theoretischen Erwartungen entspricht: Der Export von Rohstoffen nimmt eine beachtliche Stellung ein und läßt dadurch die Ausfuhr von Industrieerzeugnissen im Vergleich zu der Deutschlands und Japans an Bedeutung zurücktreten. Diese beiden Länder waren gezwungen, einen hohen Prozentsatz industrieller Produkte zu exportieren, um so Devisen für den großen Importbedarf bei Rohstoffen zu erhalten.

Die starke Abhängigkeit von ausländischen Nahrungsrohstoffen in Deutschland konnte deshalb in Zeiten gestörten Welthandels zu einer gewissen Beunruhigung über die Sicherung der Ernährung führen. Bei der Abwägung möglicher Kriegsursachen muß diese Tatsache berücksichtigt werden.

Ein solches Versorgungsproblem bestand für Japan nicht, da es durch die Kolonien autark in seiner Nahrungsmittelversorgung war. Durch die hohe Abhängigkeit von ausländischen industriellen Rohstoffen

---

[256] Das galt vor allem für britische Textilwaren, die bis in die dreißiger Jahre an erster Stelle standen, jedoch allmählich durch japanische Produkte verdrängt wurden.

3.2 Kennzahlen ökonomischer Aktivität

bedeutete der Rückgang des Welthandels auch für dieses Land eine Gefährdung der weiteren wirtschaftlichen Entwicklung.

Für die deutsche Industrie gilt ähnliches, wenn auch in relativ geringem Umfang.

Die amerikanische Wirtschaft hatte ihre vergleichsweise niedrige Abhängigkeit von ausländischen Rohstoffzufuhren[257] außerdem durch erhebliche Kapitalinvestitionen in ausländischen Unternehmen noch verringert. Japan versuchte durch entsprechende Investitionstätigkeit in Korea, der Mandschurei und Nordchina ebenfalls zu einer solchen Sicherung der Rohstoffzufuhr zu gelangen. Da die Bodenschätze dieser Gebiete meist erst erschlossen werden mußten, kam es diesem Ziel nur langsam näher.

Beschränkt damit vergleichbar sind die bilateralen Handelsabkommen des Deutschen Reiches, die ein Lieferungsversprechen und eine Abnahmegarantie für bestimmte Produkte enthielten. Solcher Art waren beispielsweise die Handelsbeziehungen zu den südosteuropäischen Ländern[258], die auf diese Weise zu einem sicheren Markt für das Deutsche Reich wurden.

Inwiefern diese Bemühungen Japans und Deutschlands um die Absicherung der Rohstoffzufuhren ausreichend waren, um die Abhängigkeit vom Weltmarkt zu vermeiden, sei dahingestellt. An den Maßnahmen wird jedoch deutlich, daß diese Abhängigkeit als wirtschaftspolitisches Problem betrachtet wurde. Eine langfristige Lösung dieses Problems auf Grund eigener Ressourcen schien nicht möglich. Sofern das Ziel „Autarkie" mehr aus langfristigen Überlegungen als aus kriegswirtschaftlichen Gründen angestrebt wurde, könnte der Mangel an natürlichen Ressourcen als ein Grund für die Expansionsbestrebungen angesehen werden. Dieses Argument wird später noch einmal aufgegriffen werden.

---

[257] Rohstoffex- und -import waren etwa gleich hoch. Importe erfolgten darüber hinaus häufig, um Preisvorteile auszunutzen, nicht wegen fehlender inländischer Vorkommen. Ein Teil des Außenhandels mit benachbarten Ländern erfolgte wegen niedriger Transportkosten.
[258] *A. O. Hirschmann*, S. 38.

4. Ergebnisse der Untersuchung

4.1 Expansionsbestrebungen auf Grund von Raum- und Rohstoffmangel

Die natürliche Ausgangsbasis der Länder wurde im 3. Kapitel untersucht. Dabei hat sich ergeben, daß in den drei Ländern erhebliche Unterschiede hinsichtlich der Nutzbarkeit des Staatsgebiets bestanden.

In Japan war das Verhältnis von Bevölkerung und landwirtschaftlicher Nutzfläche außerordentlich ungünstig[259]. Hohes Bevölkerungswachstum ließ eine weitere Zunahme des Bevölkerungsdrucks erwarten. Rasches Wachstum der großstädtischen Ballungszentren ließ Krisenherde entstehen. Erhebliche soziale Unruhen erwuchsen daraus nicht. Das ist vor allem der streng hierarchischen gesellschaftlichen Gliederung zuzuschreiben, die auch durch die rasche Industrialisierung nicht aufgehoben wurde[260]. Trotz Unterstützung von Auswanderungen in die Kolonien entstand infolge mangelnder räumlicher Mobilität nur eine geringe Entlastung des Stammlandes[261].

Die verstärkte Industrialisierung des Landes ließ darüber hinaus das Rohstoffproblem immer dringlicher erscheinen. Besonders der Mangel an Metallen, die in größerem Umfang für die Industrieproduktion benötigt wurden, und an Erdöl wurde immer fühlbarer.

Auch Deutschland war mit natürlichen Ressourcen nur unzureichend ausgestattet. Zwar bestand im Deutschen Reich ein erheblich günstigeres Verhältnis zwischen landwirtschaftlicher Nutzfläche, Siedlungsgebiet und Bevölkerung als in Japan[262]. Dennoch war es nicht möglich, die Bevölkerung aus eigener Produktion zu ernähren. Die Expansion in den europäischen Osten versprach eine Senkung der Abhängigkeit von ausländischen Nahrungsmittelimporten. Darüber hinaus wäre durch die reichen Erdöl- und Erzvorkommen in der Ukraine,

---

[259] Vergleichbar hoch war die Zahl der Menschen, die von einem Hektar landwirtschaftlicher Nutzfläche ernährt werden mußten in Großbritannien (8,9), den Niederlanden (8,8), Niederländisch-Indien (8,5) und der Schweiz (8,2).
[260] Unumschränkter Gehorsam und absolute Treue dem Unternehmen gegenüber wurden häufig durch einen Eid bei Eintritt in ein Unternehmen zugesichert. N. Voack, Die japanischen „Zaibatsu" und die Konzentration wirtschaftlicher Macht in ihren Händen. Diss. Erlangen-Nürnberg 1962, S. 52 f.
[261] J. B. Cohen, S. 36 u. S. 40.
[262] Frankreich und Rußland hatten ein erheblich günstigeres Verhältnis von Bevölkerung und landwirtschaftlicher Nutzfläche (1,9 bzw. 0,7 Personen je Hektar). I. Asahi, S. 199, Tab. 82.

am Ural und im Kaukasus-Vorland die Zufuhr ausländischer Rohstoffe für die Industrieproduktion weitgehend überflüssig geworden. Ein entsprechend erweitertes Staatsgebiet hätte somit zu einer Ergänzung des Wirtschaftsgebietes geführt, innerhalb dessen autarke Versorgung mit Rohstoffen erfolgen konnte.

Gegenüber Japan und Deutschland waren die Vereinigten Staaten reich mit natürlichen Ressourcen ausgestattet. Das große Wirtschaftsgebiet verfügte über einen hohen Prozentsatz nutzbaren Landes. Die Versorgung der Bevölkerung war weitgehend durch eigene Produktion gesichert. Vom Ausland wurden vor allem Nahrungsmittel für den gehobenen Bedarf bezogen.

Auch Rohstoffe für die industrielle Produktion konnten in hohem Umfang im eigenen Land gewonnen werden. In den USA konnte aus diesen Gründen eine Abkehr vom Welthandel erfolgen, ohne daß mit einer ernsthaften Gefährdung des Lebensstandards zu rechnen war. Für Deutschland und Japan bestand jedoch die Notwendigkeit, die Ernährung der Bevölkerung und die Industrieproduktion durch Wirtschaftsbeziehungen mit anderen Ländern zu sichern. Die Weltwirtschaftskrise hatte die Nachteile fühlbar werden lassen, die aus einer solchen Außenhandelsabhängigkeit im Falle von Krisen für die inländische Wirtschaft entstehen konnten.

Dennoch kann — wie Stärke und Dauer der Wirtschaftskrise in den USA zeigen — daraus nicht geschlossen werden, daß bei geringer Außenhandelsabhängigkeit Wirtschaftskrisen leichter abzuwenden sind. Solange die Steuerungsfunktion des Marktmechanismus nicht außer Kraft gesetzt wird, können bei fehlender Markttransparenz konjunkturelle Schwankungen auftreten. Der Übergang zu gelenkten Volkswirtschaften in Japan und Deutschland[263] hätte jedoch auch langfristig zu einer Stabilisierung der wirtschaftlichen Entwicklung führen können, wenn ein geeignetes Planungsinstrumentarium zur Verfügung gestanden hätte. Unabhängigkeit von außenwirtschaftlichen Schwankungen hätte diese Stabilität ergänzt. In dieser Hinsicht hätte ein größeres Wirtschaftsgebiet für Japan und Deutschland vorteilhaft sein können, es hätte aber auch neue Stabilitätsprobleme mit sich bringen können.

4.2 Zusammenfassender Vergleich der Entwicklungsstadien

Die Untersuchung der ökonomischen Leistungsfähigkeit hat ferner ergeben, daß bei der Klassifizierung der Länder gemäß ihrem Entwick-

---

[263] *E. Preiser*, Wesen und Methoden der Wirtschaftslenkung. In: E. Preiser, Hrsg.; Bildung und Verteilung des Volkseinkommens. Göttingen 1957, S. 321 ff. charakterisiert mit diesem Terminus die auf Privateigentum beruhende Wirt-

lungsstadium zwischen allen drei Ländern stärker zu differenzieren ist, als das von Rostow gemacht wird. Das hat zur Folge, daß die Rostow'sche These, der Zweite Weltkrieg ließe sich damit erklären, daß Deutschland und Japan das Stadium der technischen Reife erreicht, aber die Möglichkeit, zum Massenkonsumzeitalter überzugehen, nicht genutzt hatten, im folgenden kritisch untersucht werden muß. Zunächst seien jedoch noch einmal die Ergebnisse der Entwicklungsstadienuntersuchung zusammengefaßt und die Stadien der drei Länder gegeneinander abgegrenzt.

Die USA hatten bereits in den dreißiger Jahren das höchste Volkseinkommen und das dritthöchste Pro-Kopf-Einkommen der Welt[264]. Hohe Masseneinkommen ermöglichten einen hohen Konsumstandard[265], der zwar infolge der Weltwirtschaftskrise reduziert werden mußte, dennoch ein vergleichsweise hohes Niveau behielt. Eine Steigerung der gesellschaftlichen Wohlfahrt wurde durch die Gewährung staatlicher Sozialleistungen erreicht.

Die Wirtschaftsstruktur, gekennzeichnet durch die Beschäftigtenstruktur und die Wertschöpfung in den einzelnen Wirtschaftsbereichen, zeigt den hohen Industrialisierungsstand des Landes an. Dadurch war den Vereinigten Staaten ein diversifizierter Außenhandel möglich, der jedoch durch den verhältnismäßig geringen Anteil der Rohstoffe bei den Einfuhren und ihrem relativ hohen Anteil bei den Ausfuhren den theoretischen Erwartungen über die internationale Arbeitsteilung widerspricht[266]. Trotz absolut hoher Außenhandelswerte war die Außenhandelsabhängigkeit der USA gering. Die Höhe des amerikanischen Sozialprodukts gab dem Land jedoch eine große Nachfragemacht auf internationalen Märkten.

Da die Unsicherheit über die weitere wirtschaftliche Entwicklung bis 1939 noch nicht beseitigt war, konnte kein bedeutendes wirtschaftliches Wachstum erzielt werden: private Investitionen blieben aus, an ihre Stelle tretende staatliche Investitionen reichten nicht aus, das Einkommen zu erhöhen. Langfristig darf ihr wachstumsfördernder Effekt jedoch nicht vernachlässigt werden. Entsprechend diesen Ergebnissen

---

schaftsordnung im Dritten Reich. Analog kann die Wirtschaftsordnung Japans, die in wesentlichen Elementen mit der Deutschlands vergleichbar war, so bezeichnet werden.
[264] W. S. *Woytinsky* and E. S. *Woytinski*, World Population and Production, S. 389, Tab. 185.
[265] Vgl. dazu W. W. *Rostow*, (I), S. 97 ff.
[266] Auf Grund eingehender Untersuchungen der Außenhandelsstruktur kommt W. Leontief auch für das Nachkriegsjahr 1947 zu demselben Ergebnis. W. *Leontief*, Domestic Production and Foreign Trade, The American Capital Position Re-examined. Proceedings of the American Philosophical Society, 1953. Wiederabgedruckt in: Economia Internazionale, Bd. 7, Genua 1954, S. 99 f.

4.2 Zusammenfassender Vergleich der Entwicklungsstadien

kann die amerikanische Wirtschaft als hochindustrialisiert bezeichnet werden. Die konjunkturelle Situation ließ zwar eine weitere Ausdehnung des Massenkonsums nicht zu, hohe Arbeitslosigkeit und die Strukturschwäche in der Landwirtschaft zwangen jedoch den Staat, Maßnahmen zur Sicherung der sozialen Wohlfahrt zu treffen, wodurch das Fundament für einen Wohlfahrtsstaat gelegt wurde. Trotz Unsicherheit über die wirtschaftliche Sicherung der Zukunft bestanden keine Expansionsbestrebungen.

Das Deutsche Reich zählte in den dreißiger Jahren ebenfalls zu den bedeutendsten Industrienationen. Volkseinkommen und Einkommen pro Kopf der Bevölkerung waren zwar erheblich niedriger als in den USA. Hohe Wachstumsraten hatten jedoch dazu geführt, daß Deutschland 1938 zu den zehn reichsten Nationen zählte[267]. Das hohe Wachstum kam infolge wachsender Staatsausgaben für militärische Zwecke jedoch nur beschränkt den Verbrauchern in der Form erhöhten Konsumgüterangebots zugute. Volkseinkommenshöhe und technisches Leistungsniveau hätten die Ausdehnung des Massenkonsums zugelassen, in bescheidenem Ausmaß finden sich bereits Ansätze dazu.

Änderungen in der Beschäftigtenstruktur zugunsten des industriellen Bereichs ließen diesen weiter an Bedeutung gewinnen. Die für hochentwickelte Gesellschaften charakteristische Ausdehnung des Dienstleistungsbereichs hatte jedoch noch nicht stattgefunden und war wegen der Arbeitskräftelenkung in die Bereiche der Schwerindustrie trotz steigender Einkommen nicht möglich. Der Anteil der Industrieproduktion an der Gesamtproduktion war höher als in Japan und den USA, die Struktur der Industrieproduktion ähnlich. Besonders hohe Zuwachsraten wurden in der Schwerindustrie erzielt. Der beobachtete Strukturwandel entspricht jedoch nicht ökonomischen Gesetzmäßigkeiten des Industrialisierungsprozesses, sondern politischen Zielsetzungen.

Der Außenhandel wurde durch den hohen Leistungsstand der Wirtschaft bestimmt und durch die staatliche Außenhandelskontrolle beeinflußt. Die Struktur der Ein- und Ausfuhren, die der einer hochindustrialisierten Gesellschaft entspricht, ist dadurch verzerrt. Es ist zu vermuten, daß bei freiem Außenhandel die gütermäßige Zusammnesetzung anders gewesen wäre, jedoch auch dann die kapitalintensiv hergestellten Industrieprodukte bei den Ausfuhren, die arbeitsintensiv produzierten Nahrungs- und Industrierohstoffe bei den Importen überwogen hätten.

Insgesamt ist die deutsche Wirtschaft als technisch reif zu bezeichnen. Der hohe Industrialisierungsstand ließ Massenproduktion auf breiter

---

[267] W. S. Woytinsky and E. S. Woytinsky, World Population and Production, S. 389, Tab. 185. Die Einteilung erfolgte nach den Pro-Kopf-Einkommen.

Ebene zu. Einkommensstruktur und Verbrauchslenkung verhinderten jedoch, daß eine wesentliche Steigerung des Massenkonsums eintrat. Gegenüber vergleichbaren Wirtschaftsperioden war vor allem der Staat Nutznießer der Einkommenszuwächse, die weitgehend im Sinne nationaler Machtpolitik Rüstungszwecken zugeführt wurden.

Die hohen Wachstumsraten der Wirtschaft hatten Japan zu einer Nation werden lassen, die allmählich in Konkurrenz mit dem westlichen Ausland trat. Durch die Förderung der Schwerindustrie erfolgte in den dreißiger Jahren ein rascher Strukturwandel, der sich auch auf den Einfuhrbedarf und das Güterangebot auf dem Weltmarkt auswirkte. Hoher Importbedarf für industrielle Rohstoffe und die Verschlechterung der Terms of Trade machten die Ausfuhrsteigerung bei einfachen Industrieprodukten immer dringender.

Die wachsende Wertschöpfung kam den privaten Verbrauchern nur wenig zugute. Niedrige Einkommen sicherten einen bescheidenen Lebensstandard. Zunehmende Ausgaben für die Rüstungswirtschaft und das Militär verhinderten, daß sich der Lebensstandard verbesserte. Neben dem Staat profitierten vor allem die Unternehmen der Schwerindustrie und Eigentümer von Vermögen, die bereit waren, Kapitalanlagen im japanischen Einflußgebiet zu wagen, von der wirtschaftlichen Aufwärtsentwicklung.

Die Beschäftigtenstruktur Japans unterlag einem raschen Wandel zugunsten des industriellen Bereichs. Obgleich noch fast die Hälfte der Erwerbstätigen in der Landwirtschaft beschäftigt waren, wurde durch die enorme Steigerung der Industrieproduktion 1939 ein Drittel der Wertschöpfung im industriellen Sektor erzeugt. Hohe Investitionen führten in den dreißiger Jahren dazu, daß technische Verfahren auf breiter Ebene angewendet wurden, so daß neue Wirtschaftsbereiche an Bedeutung gewannen.

Der Strukturwandel von der historisch bedeutenden Textilindustrie zur Schwerindustrie ließ eine Industriestruktur entstehen, die mit der Deutschlands und der USA vergleichbar war. Jedoch war die Industrieproduktion der dreißiger Jahre noch nicht so hoch, daß Japan Massenkonsum auf breiter Ebene hätte einführen können. Entgegen der Feststellung von Rostow[268] kann die japanische Wirtschaft Ende der dreißiger Jahre nicht als technisch reif bezeichnet werden.

Das Entwicklungsniveau der gesamten japanischen Wirtschaft lag in den dreißiger Jahren noch weit unter dem der USA und des Deut-

---

[268] Aus der Argumentation Rostows geht hervor, daß er Japan 1940 als reif, d. h. den Reifeprozeß als nahezu abgeschlossen betrachtet. Vgl. W. W. *Rostow* (I), S. 88. Davon unterscheidet sich aber die genauere Charakterisierung, die auch auf die weitere Literatur zu dieser Frage hinweist, bei W. W. *Rostow* (II), S. 378 f.

4.2 Zusammenfassender Vergleich der Entwicklungsstadien

schen Reichs. So kommen auch Allen und Hax zu dem Ergebnis, daß Japan erst nach 1929 in den Reifeprozeß eintrat, der aber durch die Umstellung auf eine Kriegswirtschaft nicht zu einem Breitenausbau im zivilen Sektor führte[269]. Die wirtschaftspolitischen Maßnahmen haben jedoch offensichtlich dazu beigetragen, daß in den dreißiger Jahren technisches Wissen in großem Ausmaß vom Ausland übernommen und zum Ausbau einer differenzierten Industrieproduktion genutzt wurde.

In Japan wurde somit die Entscheidung, wirtschaftliche Kräfte im Sinne nationaler Machtpolitik einzusetzen, bereits in einem früheren Entwicklungsstadium vorbereitet und durchgesetzt und der Entwicklungsprozeß dadurch weitgehend beeinflußt.

Als Ergebnis der Untersuchung ist festzuhalten, daß die Entwicklungsstufen der drei untersuchten Länder und das Niveau ihrer wirtschaftlichen Leistungsfähigkeit so stark voneinander abweichen, daß anders als bei Rostow zwischen den Ländern differenziert werden muß. Vergleichbar scheinen — trotz bestehender Unterschiede — das Entwicklungsstadium der deutschen und der amerikanischen Wirtschaft, da in beiden Ländern eine differenzierte Industrieproduktion bestand und das Produktionsvolumen des sekundären Bereichs Massenproduktion auf breiter Ebene ermöglichte. Auch der Vergleich der übrigen untersuchten Parameter rückt Deutschland in die Nähe der USA, während Japan noch bedeutende Aufbauleistungen erbringen mußte und stark mit dem inneren Strukturwandel beschäftigt war, da es erst am Beginn des technischen Reifeprozesses stand.

Die deutsche und die japanische Wirtschaft zeichnen sich am Ende der dreißiger Jahre gegenüber der amerikanischen Volkswirtschaft durch eine höhere Stabilität in der konjunkturellen Entwicklung aus. Wesentlich beeinträchtigt wird diese Enwicklung in beiden Ländern lediglich durch den Mangel an Rohstoffen, der wegen des sich nur langsam normalisierenden Welthandels zu Devisenproblemen führte. Diese Problematik ist jedoch nur mittelbar vom Industrialisierungsstand abhängig.

4.3 Der Erklärungswert der Entwicklungsstadientheorie für das Entstehen des Zweiten Weltkriegs

Es stellt sich nunmehr die Frage, ob in ökonomischen, das Entwicklungsstadium bestimmenden Faktoren die Ursache für den Zweiten Weltkrieg gelegen haben kann. Die Untersuchung hat keine Anzeichen

---

[269] Bis 1929 befand sich Japan im Stadium des wirtschaftlichen Aufstiegs. G. C. *Allen*, A Short Economic History, S. 164 ff.; ähnlich K. *Hax*, S. 189 ff. und S. 461 f., der die Periode von 1932 bis 1949 als erste Periode des Breitenausbaus der industriellen Produktion bezeichnet. Vgl. dazu auch *Rostow* (II), S. 378 f.

dafür ergeben, daß die Faktoren, die ausschlaggebend für das Entwicklungsstadium einer Wirtschaft sind, in Deutschland und Japan gleich und signifikant anders waren als in den USA. Zwischen dem Entwicklungsniveau in Deutschland und Japan bestanden vielmehr so große Differenzen, daß beide Länder verschiedenen Entwicklungsstadien zugeordnet werden müssen.

Das bedeutet jedoch, daß der Versuch, die Rostow'sche Entwicklungsstadientheorie als Ansatz für eine Erklärung des Zweiten Weltkriegs zu verwenden, als gescheitert angesehen werden muß, da Rostow in seiner Argumentation von der These ausgeht, der Zweite Weltkrieg sei entstanden, weil Deutschland und Japan nach Erlangung der technischen Reife statt in das Massenkonsumzeitalter zu nationaler Machtpolitik übergegangen sind. Tatsächlich bestand für Japan die Möglichkeit einer Entscheidung zum Massenkonsum nicht, da die Wirtschaftsstruktur Massenproduktion noch nicht zuließ, sondern noch erhebliche Anstrengungen zum Aufbau einer modernen Industriestruktur gemacht werden mußten. Unterschiede im Entwicklungsniveau zwischen den Verteidigern von Machtpositionen und den diese Machtpositionen angreifenden Ländern können somit nicht im Sinne der Rostow'schen Theorie der Entwicklungsstadien und der daraus abgeleiteten Erklärung des Zweiten Weltkriegs als kriegsverursachend gelten.

Erklärungswert für das Entstehen des Zweiten Weltkriegs kann der Entwicklungsstadientheorie dann nur hinsichtlich der Tatsache zukommen, daß unterschiedliche Entwicklungsstadien zwischen den Angreiferländern und den Eroberungszielen einen Krieg verursachen können. Diese These wurde jedoch als eine Erklärungskomponente für Kriege bereits früher von Kuznets in ähnlicher Form vertreten[270]. Kuznets hält große Disparitäten bei ökonomischen und sozialen Gegebenheiten zwischen benachbarten Ländern für eine Ursache dafür, daß ein Anspruch auf ökonomische Beherrschung dieser Länder erhoben wird. Durch die territoriale Expansion wird u. a. eine Ergänzung der eigenen Ressourcen und damit eine höhere Produktion und ein sicheres Wirtschaftswachstum angestrebt. Die Tatsache, daß bedeutende Entwicklungsunterschiede zwischen den Kriegszielen und den Angreifern vorhanden waren, und die Expansionsziele über Ressourcen verfügten, die in Deutschland und Japan in zu geringem Umfang zur Verfügung standen, mag so einen Ansatz zur Erklärung des Expansionswunsches geben. Die besondere historische Situation, die durch die Weltwirtschaftskrise entstand, ließ

---

[270] S. *Kuznets*, Toward a Theory of Economic Growth. In: R. Lekachman, Ed., National Policy for Economic Welfare at Home and Abroad, New York, 1955, wiederabgedruckt in: *S. Kuznets*, Economic Growth and Structure, S. 50. Kuznets beruft sich dabei auf Ideen, die bereits von *R. G. Hawtrey*, Economic Aspects of Sovereignty, London 1930, veröffentlicht wurden.

dieses Streben ökonomisch gerechtfertigt erscheinen. Da die Stärke der Wirtschaftskrise auch nach Auffassung Rostows einmalig und von dem Entwicklungsstand der verschiedenen Volkswirtschaften unabhängig war, kommt dieser Tatsache jedoch kein Erklärungswert im Rahmen einer allgemeinen Theorie zu. Speziell für das Entstehen des Zweiten Weltkriegs dürfen die negativen Auswirkungen der Weltwirtschaftskrise auf die weitere wirtschaftliche Entwicklung einzelner Länder nicht vernachlässigt werden.

Der Versuch, den Zweiten Weltkrieg mit Hilfe der Entwicklungsstadientheorie zu erklären, muß auch aus methodologischen Gründen als gescheitert betrachtet werden: eine invariante Beziehung zwischen *einem* bestimmten Entwicklungsstadium und der Auslösung des Zweiten Weltkriegs konnte durch die Untersuchung nicht nachgewiesen werden[271]. Darüber hinaus ist an dem Versuch Rostows, Kriege mit der Zuordnung der Volkswirtschaften zu bestimmten Wirtschaftsstadien zu erklären, insofern Kritik zu üben, als Rostow nicht genügend deutlich macht, von welchen wirtschaftlichen Faktoren der Ausbruch von Kriegen abhängt. Zwar gibt Rostow einige ökonomische und außerökonomische Gründe an, die den Ausbruch von Kriegen beeinflussen können und beeinflußt haben. Eine eindeutige Abgrenzung, wann es zu kriegerischen Auseinandersetzungen kommt, und wann die friedenbewahrenden Elemente überwiegen, trifft Rostow nicht. Das bedeutet aber, daß der logische Spielraum durch Rostow nicht stark genug eingeschränkt wird, um zu einer nomologischen Hypothese über die Zusammenhänge zwischen Wirtschaftsstadien und Kriegen zu gelangen. Dadurch fehlt es der Entwicklungsstadientheorie an Informationsgehalt, sie kann deshalb nicht zur Erklärung der empirischen Vorgänge, die zum Ausbruch des Zweiten Weltkriegs geführt haben, herangezogen werden[272].

4.4 Weitere ökonomische Erklärungsansätze

Wie die Analyse gezeigt hat, hatten Japan, Deutschland und die USA in den dreißiger Jahren mit sozialen Schwierigkeiten zu kämpfen, die weitgehend im Wachstumsprozeß der Volkswirtschaften begründet

---

[271] Vgl. dazu *H. K. Schneider,* Methoden und Methodenfragen der Volkswirtschaftstheorie. In W. Ehrlicher, Hrsg., Kompendium der Volkswirtschaftslehre, Bd. 1, Göttingen 1967, S. 3.
[272] *H. Albert,* Probleme der Theoriebildung. Entwicklung, Struktur und Anwendung sozialwissenschaftlicher Theorien. In: H. Albert, Hrsg., Theorie und Realität. Ausgewählte Aufsätze zur Wissenschaftslehre der Sozialwissenschaften, Tübingen 1964, S. 24 f. Eine ähnliche Kritik wird von R. Jochimsen an der Entwicklungsstadientheorie geübt. Sie bezieht sich vor allem auf den fehlenden Aussagegehalt der Rostow'schen Entwicklungstheorie. Art. „Take off". In: Entwicklungspolitik, Handbuch und Lexikon, Hrsg. H. Besters und E. Boesch, 1. Aufl. Berlin, Mainz 1966, S. 1598.

waren. Die durch das Wachstum erzwungenen Strukturwandlungen führten in allen drei Ländern zu sozialen Härten in der Landwirtschaft. In Japan litt ferner die Leichtindustrie unter dem raschen Strukturwandel. Gleichzeitig nahm die Konzentration wirtschaftlicher Macht in den Händen der „Zaibatsu"[273] zu.

In Deutschland trat ein ähnlicher Machtzuwachs durch Unternehmenskonzentration ein[274]. Dieser wurde dadurch verstärkt, daß sich die Großindustrie wachsenden Einfluß auf die staatliche Wirtschaftspolitik sicherte[275]. Die soziale Unzufriedenheit des Mittelstandes, die vor allem aus dem Verlust wirtschaftlicher Unabhängigkeit resultierte, wurde durch den Nationalsozialismus genutzt, aber nicht beseitigt[276].

In den USA wurden die sozialen Probleme durch die konjunkturelle Lage verschärft. Durch Sozialgesetzgebung, gewerkschaftsfreundliche Politik und Maßnahmen gegen weitere Konzentration und Ausnutzung von Marktmacht gelang es aber, in den USA offensichtlich einen gewissen Interessenausgleich herbeizuführen.

Mithin waren in den drei Ländern tendenziell ähnliche Strukturschwierigkeiten vorhanden. Diese Feststellung könnte Ansatzpunkt einer weiteren Untersuchung mit dem Ziel sein, Zusammenhänge zwischen sozialen Problemen und gesellschaftlichen Möglichkeiten zur Lösung solcher Konflikte aufzudecken. So vertritt Kuznets die Anschauung, daß ein rascher Strukturwandel mit der Gefahr sozialer Unruhen verbunden ist. Benachteiligten Gruppen kann durch die Stärkung nationaler Gefühle die Last der ökonomischen Schlechterstellung erleichtert werden. Besteht jedoch langfristig keine Möglichkeit zur Austragung sozialer Konflikte, so besteht die Gefahr, daß unter Ausnutzung dieser nationalen Gefühle Aggressionen gegen benachbarte Gebiete gerichtet werden[277].

Kuznets sieht in diesem Phänomen ein Motiv für das Entstehen von Kriegen. Es kann nicht ausgeschlossen werden, daß hierin ein Ansatz

---

[273] So werden die „Finanzcliquen" Japans bezeichnet. N. Voack charakterisiert sie genauer als „Gruppe von umfassenden wirtschaftlichen Organisationsgebilden, von denen jedes durch eine Holding Company kontrolliert und von einem Geflecht von einflußreichen Unternehmen aus fast allen Bereichen der Wirtschaft getragen wurde". Vgl. *N. Voack*, S. 17.

[274] Eine Darstellung der Unternehmenskonzentration in den Jahren 1936 bis 1939 gibt *G. Keiser*, Der jüngste Konzentrationsprozeß. Die Wirtschaftskurve, 18. Jhg., Frankfurt 1939, S. 136 ff.

[275] Eine Analyse der wachsenden Einflußnahme der Großindustrie auf die nationalsozialistische Wirtschaftspolitik liefert *A. Schweitzer*, Die Nazifizierung des Mittelstandes. Bonner Beiträge zur Soziologie, hrsg. vom Institut für Soziologie der Universität Bonn, Nr. 9, Stuttgart 1970.

[276] *D. Schoenbaum*, S. 32 und S. 336, sowie *A. Schweitzer*, Die Nazifizierung des Mittelstandes, S. 1 ff.

[277] *S. Kuznets*, Toward a Theory of Economic Growth. In: Ders.; Economic Growth and Structure, S. 48 ff.

4.4 Weitere ökonomische Erklärungsansätze

zur Erklärung der These Rostows zu sehen ist, große Kriege seien bei Gesellschaften zu beobachten, die den Übergang zum Massenkonsumzeitalter nicht durchgeführt haben, sondern zu nationaler Eroberungspolitik übergegangen sind.

Erklärungswert kann der These von Kuznets insofern beigemessen werden, als

1. eine ökonomische Ursache für das Entstehen von Nationalismus angegeben wird, die in engem Zusammenhang mit dem Industrialisierungsprozeß steht,
2. gesellschaftliche Konfliktlösungsmöglichkeiten auch auf ökonomischem Gebiet in Japan und Deutschland fehlten, was möglicherweise aggressionsfördernd wirkte,
3. das durch die Industrialisierung entstandene oder entstehende Industriepotential für umfangreiche Kriegsproduktion genutzt werden konnte, da die Stagnation der privaten Nachfrage in den frühen dreißiger Jahren eine Ausdehnung des Staatsanteils konfliktlos ermöglichte.

Die Lösung von Interessenkonflikten steht in engem Zusammenhang mit der Machtstruktur innerhalb der Gesellschaft. Aber auch unabhängig davon stellt sich die Frage nach der Macht ökonomischer Gruppen, den politischen Willensbildungsprozeß zu beeinflussen und dadurch auf die Entscheidung über kriegerische Auseinandersetzungen einzuwirken.

Hier scheint in den Vereinigten Staaten ein labiles Machtgleichgewicht zwischen Industrieverbänden, Gewerkschaften und anderen Interessengruppen bestanden zu haben[278]. Hingegen bildete sich in Japan und Deutschland eine relativ stabile Verteilung der Macht. Entscheidende Einflußnahme auf die politische Willensbildung war in beiden Ländern offensichtlich nur dem Militär und der Großindustrie möglich. In Deutschland lag aber die Hauptmacht bei der Partei, da sie die Politik festlegte und Kontrollrechte über Wirtschaft und Militär ausübte[279]. Inwiefern ökonomischer Imperialismus dadurch die Politik des Staates bestimmen konnte, wäre im einzelnen nachzuweisen[280]. Das gilt auch

---

[278] *D. C. Blaisdell*, ass. by *J. Greverus*; Economic Power and Political Pressure. Investigation of Concentration of Economic Power. Temporary National Economic Committee. Mon. No. 26, Washington 1941.
[279] *A. Schweitzer*, Business Power Under the Nazi Regime. Zeitschrift für Nationalökonomie, Bd. 20, Wien 1960, S. 442.
[280] Nach Auffassung Schweitzers wurden durch diese Machtstruktur ökonomischer und militärischer Imperialismus inferiore Ideologien des Systems. Ebenda, S. 442. Ein Beispiel dafür ist der bedeutende Einfluß des größten deutschen Unternehmens, der IG-Farben, das spätestens seit Kriegsausbruch imperialistische Ziele verfolgte. *D. Petzina*, IG-Farben und nationalsozialistische Autarkiepolitik. Tradition. Zeitschrift für Firmengeschichte und Unternehmerbiographie, 13. Jhg., Heft 5, 1968, S. 250 ff.

für Japan, wo die Zaibatsu sehr großen Einfluß auf die Regierung ausübten[281]. Eine Zusammenarbeit zwischen einzelnen Zaibatsu und dem Militär („Gunbatsu") bahnte sich bereits in den frühen dreißiger Jahren an[282].

Die Feststellung, daß die Zaibatsu ebenso verantwortlich für den japanischen Militarismus waren wie das Militär[283], scheint jedoch nur beschränkt auf die Unternehmensgruppen zuzutreffen, die den traditionellen japanischen Militarismus vertraten[284].

Eine eingehende Untersuchung der Machtstruktur könnte weitere Aufschlüsse darüber geben, ob der Zweite Weltkrieg als imperialistischer Krieg bezeichnet werden kann.

Nach den bisherigen Ergebnissen scheinen in Deutschland wirtschaftliche Gründe für den Kriegsausbruch nicht vorrangig gewesen zu sein. Die fehlende Saturiertheit Deutschlands mag jedoch in der Zeit gestörten Welthandels auch ein ökonomisches Motiv für das Streben nach territorialer Expansion gebildet haben.

In Japan scheinen wirtschaftliche Probleme eine weitaus stärkere Motivation für die Expansion in benachbarte Gebiete gebildet zu haben. Dafür spricht die umfangreiche Unterstützung des Militärs durch die Finanzgruppen und die rasche wirtschaftliche Durchdringung der besetzten Gebiete. Aber auch hier bestand ein Führungsanspruch seitens des Militärs. Dieses verfolgte seine Expansionspläne auch gegen die Interessen einzelner Gruppen, da es sich als Hüter der Nation und damit als moralischer und politischer Führer verstand.

---

[281] N. Voack, S. 87.
[282] H. Borton, Japan Since 1931, S. 14 ff. Voack weist darauf hin, daß das vor allem für die „Shinko-Zaibatsu" zutrifft, deren Entstehen durch das Militär stark gefördert wurde. („shinko" = neu.) N. Voack, S. 64 und 86 ff.
[283] Diese Behauptung in einem Bericht über die Wiedergutmachung Japans zitiert J. B. Cohen, S. 427. Sie wird unterstützt durch die Äußerung eines Repräsentanten der Mitsui-Gruppe. „. . . I see no reason, why Japanese Trade Expansion should not succeed if the government and people cooperate earnestly in their support of the traders. Nothing is more important than force in achieving this ambition. Diplomacy without force is of no value." Zitiert bei N. Voack, S. 86.
[284] Mitsubishi, ein Vertreter der anderen Gruppe war zunächst Gegner der militärischen Expansionspläne. H. Borton, Japan Since 1931, S. 15 und N. Voack, S. 86.

5. Tabellarischer Anhang:
Die Außenhandelsverflechtung der drei Länder

Tabelle 26

Die Richtung des amerikanischen Außenhandels
(Mio. neue Golddollar)

Herkunfts- bzw. Bestimmungsland	Importe			Exporte		
	1928	1935	1938	1928	1935	1938
Afrika	152	42	55	199	96	118
Amerika	2 589	774	753	3 048	706	1 040
davon Kanada und übriges Nordamerika	846	292	268	1 565	329	476
Lateinamerika, Mineralgewinnungsländer	544	114	139	414	133	209
Lateinamerika, trop.-landwirt. Länder	1 010	295	300	720	188	262
Lateinamerika, nicht trop.-landw. Länder	189	73	46	349	56	93
Asien	1 948	597	550	1 098	373	503
davon Japan	651	153	127	488	203	240
China ohne Mandschurei	242	61	44	243	35	30
Mandschurei		8	5		7	22
UdSSR	24	18	24	125	25	70
Europa	2 122	589	562	3 906	1 009	1 269
davon Österreich	20	3	3	10	2	3
Belgien, Luxemburg	127	40	42	189	58	77
Tschechoslowakei	62	21	26	9	3	26
Frankreich	269	58	54	407	117	134
Deutschland	376	78	63	791	92	105
Italien	172	39	41	274	75	58
Niederlande	142	41	31	241	49	97
Schweden	78	41	45	97	38	64
Schweiz	73	16	23	21	8	11
Norwegen	37	17	16	36	14	23
Polen	6	10	13	27	25	25
Verein. Königreich	590	155	118	1 435	433	521
Ozeanien	92	27	16	305	74	94
Welt insgesamt	6 927	2 047	1 960	8 681	2 283	3 094

Quelle: League of Nations, The Network of World Trade, S. 126.

Tabelle 27

Richtung des japanischen Außenhandels
(Japan, Korea, Formosa)
(Mio. neue Golddollar)

Herkunfts- bzw. Bestimmungsland	Importe			Exporte		
	1928	1935	1938	1928	1935	1938
Afrika	25	21	17	35	53	41
Amerika	571	269	322	702	193	157
davon USA	506	240	267	660	158	128
Asien insgesamt	803	286	327	692	395	521
davon Indien Burma, Ceylon	233	91	53	116	85	63
Brit. Malaya	31	21	29	17	15	8
Franz. Indochina	19	4	6	3	1	1
Niederl. Indien	95	25	28	60	42	31
Philippinen	14	8	11	23	14	9
Thailand	16	1	1	5	12	11
China ohne Mandschurei[a]	392	46	52	417	48	93
Mandschurei		86	140		141	283
Hongkong, Makao	1	1	—	48	16	7
übr. kont. Asien	—	—	3	2	21	15
UdSSR	21	5	—	9	8	2
Europa	334	101	110	127	75	76
davon Deutschland	117	37	49	10	8	11
Verein. Königreich	137	25	20	47	35	39
Ozeanien	109	73	28	37	25	27
Welt insgesamt	1 863	755	804	1 602	749	824

a) Aus anderen Zahlenreihen geht hervor, daß dieses Gebiet das Pachtgebiet Kwantung einschließt.

Quelle: League of Nations, S. 138.

Tabelle 28

Außenhandelsbeziehungen zwischen Deutschland und einzelnen Ländern und Kontinenten
(Mio. neue Golddollar)

Herkunfts- bzw. Bestimmungsland	Importe			Exporte		
	1928	1935	1938	1928	1935	1938
Afrika	288	108	156	113	52	82
Amerika	1 669	342	561	708	238	327
davon USA	817	98	163	321	69	60
Asien	641	174	255	346	161	211
davon Japan	17	8	10	86	34	38
UdSSR	153	81	19	163	16	13
Europa	2 766	945	1 204	3 487	1 240	1 509
davon Österreich	94	29	35	172	44	47
Belgien, Luxemburg	191	51	78	197	81	92
Tschecheslowakei	217	49	52	261	52	55
Frankreich	387	72	58	325	105	88
Italien	188	76	99	221	111	121
Niederlande	287	79	80	474	163	180
Schweden	102	62	106	174	83	107
Schweiz	133	46	42	231	104	83
Polen	152	30	44	200	25	54
Verein. Königreich	360	103	113	476	151	140
Ozeanien	146	17	27	31	12	20
Welt insgesamt	5 663	1 667	2 222	4 848	1 719	2 162

Quelle: League of Nations, The Network of World Trade, S. 155.

Literaturverzeichnis

Albert, Hans: Probleme der Theoriebildung. Entwicklung, Struktur und Anwendung sozialwissenschaftlicher Theorien. In: Ders. (Hrsg.); Theorie und Realität. Ausgewählte Aufsätze zur Wissenschaftslehre der Sozialwissenschaften, Tübingen 1964.

Allen, George C.: A Short Economic History of Modern Japan 1867—1937, with a Supplementary Chapter on Economic Recovery and Expansion 1945—1960, 7. Aufl., London 1964.

— Japan's Economic Expansion. Royal Institute of International Affairs, London, New York, Toronto 1965.

Angermann, Erich: Die Vereinigten Staaten von Amerika, dtv-Weltgeschichte des 20. Jahrhunderts, Band 70. Hrsg. v. M. Broszat u. H. Heiber, 2. Aufl., München 1969.

Asahi, Isoshi: The Economic Strength of Japan, Tokyo 1939.

Balassa, Bela (Ed.): Changing Patterns in Foreign Trade and Payments. Problems of the Modern Economy (Gen. Ed. E. S. Phelps), New York 1964.

Besson, Waldemar: Roosevelt und der New Deal. Zum politischen Selbstverständnis der Amerikaner im 20. Jahrhundert. In: Aus Politik und Zeitgeschichte, Beilage zur Wochenzeitung „Das Parlament", Bd. 27/61, 5. Juli 1961.

Bismarck-Osten, Ferdinand von, und *Zotschew*, Theodor D.: Der deutsche Außenhandel im Rahmen der Welthandelsentwicklung. Vergleich des Exports der wichtigsten Industrieländer. Weltwirtschaftliches Archiv, Zeitschrift des Instituts für Weltwirtschaft, Bd. 69, Kiel 1952.

Blaisdell, D. C. ass. by Greveras, J.: Economic Power and Political Pressure. Investigation of Concentration of Economic Power. Temporary National Economic Comittee, Mon. Series 26, Washington 1941.

Borchardt, K., *Stolper*, G., *Häuser*, K.: Deutsche Wirtschaftspolitik seit 1870, Tübingen 1964.

Böttcher, Siegfried: Lebensverhältnisse in der japanischen Kleinindustrie. Zwischen Bauernhof und Großindustrie. Schriften des Instituts für Asienkunde in Hamburg, Band 9, Frankfurt am M., Berlin 1961.

Bogue, Donald J. and *Gabrill*, Wilson H.: The Population of the United States, Glencoe, Illinois, 1959.

Borton, Hugh: Japan's Modern Century, New York 1965.

— Japan Since 1931. Its Political and Social Developments, Institute of Pacific Relations, New York 1940.

Brandt, Karl: Konzentration und wirtschaftliche Entwicklung. In: H. Arndt, (Hrsg.), Die Konzentration in der Wirtschaft, 3. Bd. Wirkungen und Probleme der Konzentration. Schriften des Vereins für Socialpolitik, NF Bd. 20/III, Berlin 1960.

Brumberg, Richard, *Modigliani*, Franco: Nutzenanalyse und Konsumfunktion. In: E. u. M. Streissler (Hrsg.), Konsum und Nachfrage. Köln, Berlin 1966.

Clark, Collin: The Conditions of Economic Progress, 2nd Ed. London 1951.

Classen, Wilhelm: Zur japanischen Rohstoffpolitik. Geographische Zeitschrift, 50. Jhg. Leipzig, Berlin 1944.

Cohen, Jerome B.: Japan's Economy in War and Reconstruction. International Secretariat, Institute of Pacific Relations, Minneapolis 1949.

Decken, Hans von der, *Metzdorf,* Hans-Jürgen: Europas Ernährungswirtschaft. Halbjahresberichte zur Wirtschaftslage, 17. Jhg. 1942/43. Hrsg. Deutsches Institut für Wirtschaftsforschung NF, Berlin 1943.

Deutsches Institut für Wirtschaftsforschung. (Institut für Konjunkturforschung) Hrsg.: Die deutsche Industrie im Kriege 1939—1945, Berlin 1954.

Domarus, Max: Hitler. Reden und Proklamationen 1932—1945. Kommentiert von einem deutschen Zeitgenossen. I. Band: Triumph (1932—1938), II. Band: Untergang (1939—1945). Würzburg 1962.

Duesenberry, James S.: Die Beziehungen zwischen Einkommen und Konsum und ihre Folgen. In: E. u. M. Streissler (Hrsg.), Konsum und Nachfrage. Köln, Berlin 1966.

Erbe, René: Die nationalsozialistische Wirtschaftspolitik 1933—1939 im Lichte der modernen Theorie. Hrsg. vom Basle Centre for Economic and Financial Research, Series B, No. 2, Zürich 1958.

Faulkner, Harold U.: Geschichte der amerikanischen Wirtschaft. Düsseldorf 1957.

Finch, V. C. and *Whitbeck,* R. H.: Economic Geography. A Regional Survey, New York, London 1941.

Fischer, Wolfram: Deutsche Wirtschaftspolitik 1918—1945. 3. verb. Auflage, mit einem Tabellenanhang von Peter Czada, Opladen 1968.

The Foreign Affairs Association of Japan: The Japan Year Book 1937, o. O. (Tokyo) 1937.

Fritsch, Bruno: Die amerikanische Beschäftigungspolitik der dreißiger Jahre im Lichte der Beschäftigungstheorie von Keynes. Schweizerische Zeitschrift für Volkswirtschaft und Statistik. Hrsg. v. d. Schweizerischen Gesellschaft für Statistik und Volkswirtschaft. 92. Jhg., Basel 1956.

— Geschichte und Theorie der amerikanischen Stabilisierungspolitik 1933 bis 1939/1946—1953. Hrsg. v. Basle Centre for Economic and Financial Research, Series B, No. 5, Zürich 1959.

Gabrill, Wilson I. and *Bogue,* Donald J.: The Population of the United States, Glencoe, Illinois 1959.

Gruchmann, Lothar: Der Zweite Weltkrieg, dtv-Weltgeschichte des 20. Jh., Bd. 10, Hrsg. M. Broszat und H. Heiber, München 1967.

Handwörterbuch der Sozialwissenschaften. Zugleich Neuauflage des Handwörterbuchs der Staatswissenschaften. 12 Bände, Stuttgart, Tübingen, Göttingen 1956 ff.

Hansen, Alvin H.: Secular Stagnation. From Alvin H. Hansen, Economic Progress and Declining Population Growth. American Economic Review, Bd. 29, 1939. In: The Great Depression and American Capitalism. Ed. with an introduction by Robert F. Himmelberg, Boston 1968.

Häuser, K., *Stolper,* G., *Borchardt,* K.: Deutsche Wirtschaftspolitik seit 1870, Tübingen 1964.

Hawtrey, R. G.: Economic Aspects of Sovereignty, London 1930.

Hax, Karl: Japan. Wirtschaftsmacht des Fernen Osten. Ein Beitrag zur Analyse des wirtschaftlichen Wachstums. Köln und Opladen 1961.

Hirschmann, Albert O.: National Power and the Structure of Foreign Trade, Berkeley and Los Angeles 1945.

Historical Statistics of the United States: Colonial Times to 1957. A Statistical Abstract Supplement, Prep. by the Bureau of the Census with the Cooperation of the Social Research Council. US Departement of Commerce, Bureau of the Census, 1961.

Hitlers Denkschrift zum Vierjahresplan 1936. Hrsg. v. W. Treue, Vierteljahreshefte für Zeitgeschichte, 3. Jhg., Stuttgart 1955.

Hoffmann, Walther, G.: Das Wachstum der deutschen Wirtschaft seit der Mitte des 19. Jahrhunderts. Enzyklopädie der Rechts- und Staatswissenschaft, Hrsg. W. Kunkel, H. Peters, E. Preiser. Berlin, Heidelberg, New York 1965.

— Stadien und Typen der Industrialisierung. Ein Beitrag zur quantitativen Analyse historischer Wirtschaftsprozesse. In: Probleme der Weltwirtschaft. Bd. 54, Jena 1931.

— Stadien und Typen der Industrialisierung. Weltwirtschaftliches Archiv, Bd. 103, Tübingen 1969.

Hoselitz, Bert F.: Theories of Stages of Economic Growth. In: B. F. Hoselitz et al. (Ed.), Theories of Economic Growth, Glencoe 1960.

International Labour Review: Published by the International Labour Office, No. 6, London 1941.

Jäckel, Eberhard: Hitlers Weltanschauung. Entwurf einer Herrschaft, Tübingen 1969.

Jochimsen, Reimut: Art. „Take off". In: Entwicklungspolitik, Handbuch und Lexikon, Hrsg. H. Besters und E. Bosch, 1. Aufl., Berlin, Mainz 1966.

Keiser, Günter: Der jüngste Konzentrationsprozeß. Die Wirtschaftskurve, 18. Jhg., Frankfurt 1939.

Kelly, William B. (Ed.): Studies in United States Commercial Policy, Chapel Hill 1963.

Kenen, P. B.: United States Commercial Policy: A Programme for the 1960's. In: B. Balassa (Ed.), Changing Patterns in Foreign Trade and Payments. Problems of the Modern Economy. New York 1964.

Kennan, George F.: American Diplomacy 1900—1950, Chicago, Illinois, 4th Impr. 1952.

Keynes, John Maynard: The General Theory of Employment, Interest and Money, New York 1936.

Klein, Burton H.: Germany's Economic Preparations for War, 2nd Ed., Cambridge, Mass. 1968.

Klein, Lawrence, *Ohkawa*, Kazushi (Ed.): Economic Growth, The Japanese Experience Since the Meiji Era. Proceedings of the Conference of the Japan Economic Research Center, Homewood, Illinois, Nobleton, Ontario 1968.

Kneschaurek, Francesko: Wachstumsbedingte Wandlungen der Beschäftigtenstruktur im industriellen Produktionssektor. In: F. Neumark (Hrsg.), Strukturwandlungen einer wachsenden Wirtschaft. 2. Band, Schriften des Vereins für Socialpolitik, NF, Bd. 30/II, Berlin 1964.

Krelle, Wilhelm: Grundlinien einer stochastischen Konjunkturtheorie. In: W. Weber und H. Neiss (Hrsg.): Konjunktur- und Beschäftigungstheorie, Köln, Berlin 1967.

Krüger, Hans: Zur neuen amerikanischen Agrarpolitik. Vom Agricultural Adjustment zur Soil Conservation. Jahrbücher der Nationalökonomie und Statistik, Bd. 146, Jena 1937.

Kuznets, Simon: National Product Since 1869. National Bureau of Economic Research, New York 1946.

— Economic Growth and Structure, Selected Essays, London 1966.

— Toward a Theory of Economic Growth. In: R. Leckachman (Ed.), National Policy for Economic Welfare at Home and Abroad, New York 1955. Wiederabgedr. in: S. Kuznets, Economic Growth and Structure, Selected Essays, London 1966.

Kuznets, Simon and *Jenks,* Elizabeth: Capital in the American Economy. Its Formation and Financing. A Study by the National Bureau of Economic Research, Princeton 1961.

League of Nations: The Network of World Trade. A Companion Volume to „Europe's Trade", Geneva 1942, reprinted by the United Nations 1947.

Lockwood, William W.: The Economic Development of Japan. Growth and Structural Change 1868—1938. Princeton, New Jersey 1954.

Mason, Tim: Der Primat der Politik — Politik und Wirtschaft im Nationalsozialismus. Das Argument, Heft 6, Berlin 1966.

Matthews, R. C. O.: Investition: Das Akzelerationsprinzip und seine Verallgemeinerung. In: W. Weber und H. Neiss (Hrsg.), Konjunktur- und Beschäftigungstheorie, Köln, Berlin 1967.

Meinck, Gerhard: Hitler und die deutsche Aufrüstung 1933—1937, Wiesbaden 1959.

Metzdorf, Hans-Jürgen, *Decken,* Hans von der: Europas Ernährungswirtschaft. Halbjahresbericht zur Wirtschaftslage. 17. Jhg. 1942/43, Hrsg. Deutsches Institut für Wirtschaftsforschung, NF, Berlin 1943.

Milward, Alan Steele: Die deutsche Kriegswirtschaft 1939—1945. Schriftenreihe der Vierteljahreshefte für Zeitgeschichte Nr. 12, Stuttgart 1966.

Mitznitzky, Mark: Germany's Trade Monopoly in Eastern Europe. Social Research, Vol. V, 1939.

Modigliani, Franco, *Brumberg,* Richard: Nutzenanalyse und Konsumfunktion. In: E. und M. Streissler (Hrsg.), Konsum und Nachfrage, Köln, Berlin 1966.

Morgenstern, Oskar: Über die Genauigkeit wirtschaftlicher Beobachtungen. (On the Accuracy of Economic Observations, Übers. v. E. Schlecht), 2., völlig neu bearb. und erw. Auflage, Wien, Würzburg 1965.

Morris, Ivan (Ed.), Japan 1931—1945. Militarism, Fascism, Japanism? Problems in Asian Civilizations, Boston 1967.

Murdock, E. C.: Zum Eintritt der Vereinigten Staaten in den Zweiten Weltkrieg. In: Vierteljahreshefte für Zeitgeschichte, 4. Jahrgang 1956.

Nathan, O.: The Nazi War Economic System. Germany's Mobilization for War, Durham 1944.

Ohkawa, Kazushi et al: The Growth Rate of Japanese Economy since 1878, Tokyo 1957.

Ohkawa, Kazushi and *Klein*, Lawrence, Ed.: Economic Growth, The Japanese Experience Since the Meiji Era. Proceedings of the Conference of the Japan Economic Research Center, Homewood, Illinois, Nobleton, Ontario 1968.

Ott, Alfred E.: Fragen der wirtschaftlichen Stabilisierung. Tübinger wirtschaftswissenschaftliche Abhandlungen, Bd. 3, Tübingen 1967.

Pahl, Walther: Weltkampf um Rohstoffe, Leipzig 1939.

Parker, R. A. C.: Das zwanzigste Jahrhundert. 1918 bis 1945. Frankfurt 1967, zit. bei F. Wurm, Wirtschaft und Gesellschaft in Deutschland 1918—1948, Opladen 1969.

Petzina, Dieter: Autarkiepolitik im Dritten Reich. Der nationalsozialistische Vierjahresplan. Schriftenreihe der Vierteljahreshefte für Zeitgeschichte Nr. 16, Stuttgart 1968.

Predöhl, Andreas: Außenwirtschaft. Weltwirtschaft, Handelspolitik und Währungspolitik. Grundriß der Sozialwissenschaft, Bd. 17, Göttingen 1949.

Preiser, Erich: Wesen und Methoden der Wirtschaftslenkung. In: Ders., Bildung und Verteilung des Volkseinkommen, Göttingen 1961.

Propyläen Weltgeschichte: Eine Universalgeschichte, Hrsg. Golo Mann, 9. Band, Berlin, Frankfurt a. M., Wien 1960.

Rostow, Walt W.: Stadien wirtschaftlichen Wachstums. Eine Alternative zur marxistischen Entwicklungtheorie. Göttingen 1960.

— Politics and the Stages of Growth. Cambridge 1971.

Rowe, J. W. F.: Primary Commodities in International Trade. Cambridge 1965.

Salin, Edgar: Zur Methode und Aufgabe der Wirtschaftsgeschichte. Schmollers Jahrbuch für Gesetzgebung, Verwaltung und Volkswirtschaft im Deutschen Reiche. Hrsg. H. Schumacher, A. Spiethoff, 45. Jhg., München, Leipzig 1921.

— Unterentwickelte Länder: Begriff und Wirklichkeit. Kyklos, Internationale Zeitschrift für Sozialwissenschaften, Vol. XII, Würzburg 1959.

Schiller, Karl: Der internationale Wettstreit in den handelspolitischen Methoden. Zeitschrift für die gesamte Staatswissenschaft, Band 99, Tübingen 1939.

Schoenbaum, Dieter: Die braune Revolution. Eine Sozialgeschichte des Dritten Reichs. (Hitler's Social Revolution, Class and Statuts in Nazi Germany 1933—1939, Übers. v. T. Schoenbaum - Holtermann) Köln, Berlin 1968.

Schneider, Hans-Karl: Methoden und Methodenfragen der Volkswirtschaftstheorie. In: W. Ehrlicher (Hrsg.), Kompendium der Volkswirtschaftslehre, Bd. I, Göttingen 1967.

Schultze, Ernst: Die Exportstöße der japanischen Industrie. Jahrbücher für Nationalökonomie und Statistik, Bd. 146, Jena 1937.

Schweitzer, Arthur: Der ursprüngliche Vierjahresplan. Jahrbücher für Nationalökonomie und Statistik, Bd. 168, Stuttgart 1957.

— Profits under Nazi Planning. The Quarterly Journal of Economics, Vol. LXI, Cambridge, Mass. 1946.

— The Role of Foreign Trade in the Nazi War Economy. The Journal of Political Economy, Vol. LI, Ed. by J. Viner and H. Knight, Chicago, Illinois 1943.

Schweitzer, Arthur: Business Power under the Nazi Regime. Zeitschrift für Nationalökonomie, Bd., 20, Wien 1960.
— Die Nazifizierung des Mittelstandes. Bonner Beiträge zur Soziologie, Hrsg. v. Institut für Soziologie der Universität Bonn, Nr. 9, Stuttgart 1970.
Schwind, Martin: Japan. Zusammenbruch und Wiederaufbau seiner Wirtschaft. Bremer Ausschuß für Wirtschaftsforschung, Düsseldorf 1954.
Shionoya, Yuichi: Patterns of Industrial Growth Development. In: Klein, L. and Ohkawa, K. (Ed.), Economic Growth. The Japanese Experience Since the Meiji Era. Proceedings of the Conference of the Japan Economic Research Center. Homewood, Ill., Nobleton, Ontario 1968.
Smithies, Arthur: The American Economy in the Thirties. Aus: American Economic Review, Supplement XXXVI (May 1946) wiederabgedruckt in: Gerald D. Nash; Issues in American Economic History. Selected Readings. Boston 1964.
Statistical History of the United States from Colonial Times to the Present. Two Volumes in One. US Bureau of the Census with the Cooperation of the Social Science Research Council, Stanford 1965.
Statistisches Handbuch von Deutschland, 1928—1944, Hrsg. vom Länderrat des amerikanischen Besatzungsgebiets. München 1949.
Statistisches Jahrbuch für das Deutsche Reich. Hrsg. vom Statistischen Reichsamt Berlin.
55. Jhg. 1936, Berlin 1936
57. Jhg. 1938, Berlin 1938
58. Jhg. 1939/40, Berlin 1940
59. Jhg. 1940/41, Berlin 1941
60. Jhg. 1941/42, Berlin 1942.
Steiner, Kurt: Popular Political Participation and Political Development in Japan: The Rural Level. In: Robert E. Ward, Political Development in Modern Japan, Princeton 1968.
Stolper, G., *Häuser,* K., *Borchardt,* K.: Deutsche Wirtschaftspolitik seit 1870. Tübingen 1964.
Straub, Walter: Grundriß einer allgemeinen Wirtschafts- und Handelsgeographie, Basel 1951.
Sweezy, Maxine Yaple: Distribution of Wealth under the Nazis. Review of Economics and Statistics. Cambridge 1939.
Takahasi, Makoto: The Development of War Time Economic Controls. In: The Developing Economies. Institute of Asian Economic Affairs, Tokyo 1967.
US Department of Commerce, Bureau of Foreign and Domestic Commerce, The United States in The World Economy. The International Transactions of the United States During the Interwar Period. Economic Series 23, Washington 1943.
Voack, Norbert: Die japanischen „Zaibatsu" und die Konzentration wirtschaftlicher Macht in ihren Händen. Diss. Erlangen - Nürnberg 1952.
Wagenführ, Rolf: Der internationale wirtschafts- und sozialstatistische Vergleich. Eine Einführung. Freiburg 1959.
Waltemath, Kuno: Die Abhängigkeit der Vereinigten Staaten von der überseeischen Wareneinfuhr. Jahrbücher für Nationalökonomie und Statistik, Bd. 160, Jena 1944.

Walter, W. F.: Das New Deal, eine abgelaufene Wirtschaftsperiode, Tatsachen und ihre psychologischen Grundlagen. Jahrbücher für Nationalökonomie und Statistik, Bd. 154, Jena 1941.

Watanabe, Tsunehiko: Economic Aspects of Dualism in the Industrial Development of Japan. Economic Development and Cultural Change, Bd. 13, Chicago 1965.

Whitbeck, R. H. and *Finch*, V. C.: Economic Geography. A Regional Survey. New York, London 1941.

Die wirtschaftlichen Kräfte Japans, bearbeitet im Institut für Weltwirtschaft, Teil I, (1940) und Teil II (1941), Kiel.

Wirtschafts- und sozialstatistisches Handbuch. Hrsg. Gleitze, Bruno: Wirtschaftswissenschaftliches Institut der Gewerkschaften GmbH.

Die Wirtschaftskurve. Hrsg. unter Mitwirkung der Frankfurter Zeitung, Jhg. 1934/35.

Woytinsky, W. S.: World Commerce and Governments. Trends and Outlooks. New York 1955.

— Employment and Wages in the Unites States, New York 1953.

— and *Woytinsky* E. S.: World Population and Production. Trends and Outlook. New York 1953.

Wurm, Franz F.: Wirtschaft und Gesellschaft in Deutschland 1848—1948, Opladen 1969.

Zotschew, Theodor D. und *Bismarck-Osten*, Ferdinand von: Der deutsche Außenhandel im Rahmen der Welthandelsentwicklung. Vergleich des Exports der wichtigsten Industrieländer. Weltwirtschaftliches Archiv. Zeitschrift des Instituts für Weltwirtschaft, Bd. 69, Kiel 1952.

Printed by Libri Plureos GmbH
in Hamburg, Germany